AF588913

8° Y
31566
(1)

CATION DE LA SECTION HISTORIQUE DE L'ÉTAT-MAJOR DE L'ARMÉE

ORGANISATION ET TACTIQUE DES TROIS ARMES

Ier Fascicule

(Conserver la Couverture)
17336

La Cavalerie de 1740 à 1789

BIBLIOTHÈQUE NATIONALE BF IMPRIMÉS

PAR

Le Commandant breveté Édouard DESBRIÈRE

CHEF DE LA SECTION HISTORIQUE

et

Le Capitaine Maurice SAUTAI

ATTACHÉ A LA SECTION HISTORIQUE

PRÉFECTURE ... DÉPÔT LÉGAL ... 06 N° 268

BERGER-LEVRAULT & Cie, ÉDITEURS

PARIS
5, RUE DES BEAUX-ARTS, 5

NANCY
18, RUE DES GLACIS, 18

1906

La Cavalerie de 1740 à 1789

PUBLICATION DE LA SECTION HISTORIQUE DE L'ÉTAT-MAJOR DE L'ARMÉE

ORGANISATION ET TACTIQUE DES TROIS ARMES

Ier Fascicule

La Cavalerie de 1740 à 1789

BIBLIOTHÈQUE NATIONALE R.F. IMPRIMÉS

PAR

Le Commandant breveté Édouard DESBRIÈRE
CHEF DE LA SECTION HISTORIQUE

et

Le Capitaine Maurice SAUTAI
ATTACHÉ A LA SECTION HISTORIQUE

BERGER-LEVRAULT & Cie, ÉDITEURS

PARIS
5, RUE DES BEAUX-ARTS, 5

NANCY
18, RUE DES GLACIS, 18

1906

AVERTISSEMENT

Le présent travail a pour but de répondre à certains desiderata exprimés par de hautes personnalités militaires et de donner aux officiers des idées générales sur les transformations successives de l'organisation et de la tactique de chaque arme. Pour être définitif, il exigerait l'achèvement complet de toute la tâche entreprise par la Section Historique. Telle n'est pas la situation présente, de sorte que la nécessité d'aboutir vite oblige à ne présenter aux lecteurs qu'un *essai* destiné à être complété et perfectionné au fur et à mesure de l'avancement des études d'histoire documentaire et complète. Ce sera le but et la raison d'être des éditions successives qui seront faites par la suite et qui bénéficieront des travaux aujourd'hui en projet ou en cours.

Dès à présent, il est permis d'espérer que l'abondance et la valeur des renseignements recueillis formeront un ensemble capable de donner aux lecteurs certaines notions précises, à la place des données vagues ou même inexactes des ouvrages similaires. Il y aura tout au moins intérêt à montrer aux officiers que la plupart des problèmes actuels sont posés depuis longtemps, que les solutions aujourd'hui admises ont déjà été souvent étudiées ou pratiquées, qu'en matière d'organisation surtout, le passé pèse sur le présent, parfois à d'énormes intervalles, que les réformateurs n'opèrent jamais sur une table rase, enfin qu'une doctrine ou un système ne peuvent jamais être considérés que comme une phase temporaire d'une lente, mais constante évolution. En voyant, enfin, que les périodes qui succèdent immédiatement à une grande guerre, même ou surtout malheureuse, sont celles de l'éclosion des idées nettes, précises, vraiment fructueuses en matière d'organisation et en tactique, et que celles-ci s'obscurcissent généralement par la suite, pour faire place à l'esprit de système, au mépris affecté du feu ou de l'ennemi, au goût pour la parade et le formalisme, ils sentiront peut-être plus vivement la nécessité de se retremper constamment dans l'étude vécue des campagnes de guerre, seule véritable base que puisse avoir l'instruction militaire.

BIBLIOTHÈQUE NATIONALE R.F. IMPRIMÉS

LA

Cavalerie de 1740 à 1789

I

LES ORIGINES DE LA CAVALERIE ACTUELLE

Au début du dix-huitième siècle, l'unité fondamentale, organique et administrative de la cavalerie était depuis longtemps déjà la *compagnie*, commandée par un capitaine propriétaire. Mais cette unité avait peu à peu subi une transformation dont les conséquences devaient être graves.

De 50 à 60 maîtres qu'elle comptait sous Henri IV et Louis XIII, la compagnie était tombée à 35, parfois même à 25 cavaliers, et telle était sa force en France au début de la guerre de la Succession d'Autriche.

Or, depuis longtemps déjà, une autre unité, tactique celle-là, s'était imposée sur tous les champs de bataille de l'Europe : c'était l'escadron, dont les reîtres allemands semblent avoir été les premiers à faire usage. Destinée à remplacer l'ancien ordre de combat « en haie », c'est-à-dire sur un rang, cette unité, au travers des variations qu'avait subies son effectif, avait conservé une caractéristique constante : un front d'environ 50 chevaux, parfaitement approprié aujourd'hui encore à la manœuvre, et à peu près le plus considérable qu'un seul chef puisse faire évoluer à son commandement en lui gardant toute sa cohésion. Au début de sa création, l'escadron, formé sur six rangs, avait compté 300 maîtres. Pour le rendre plus mobile, Gustave-Adolphe l'avait formé sur trois rangs, et, le front restant toujours le même, l'effectif avait pu s'abaisser à 150. Il était tombé à 100 dans les corps où l'on avait pris l'habitude de combattre sur deux rangs.

Lorsque les compagnies de cavalerie française avaient compté au moins 50 chevaux, il avait suffi d'en réunir deux ou trois pour former un escadron égal à celui des adversaires les plus habituels.

En 1678 encore, l'escadron était formé à 3 compagnies, mais à partir de 1688, et bien que les compagnies doivent être de 40 maîtres, il en faut 4 pour former un escadron. Lorsque l'effectif tomba à 35, puis à 30, puis à 25, le chiffre de 4 devint impérieusement nécessaire.

Or, à la même époque, la Prusse opérait dans la constitution de la cavalerie une évolution remarquable. Par un simple accroissement des effectifs, elle identifiait la compagnie et l'escadron en une seule unité, confiée au *Rittmeister*, simple capitaine, mais à la fois chef tactique et administrateur. Divisé en quatre pelotons, l'escadron prenait l'effectif moyen de 120 chevaux, ce qui en faisait une troupe suffisamment forte, maniable sans être lourde et bien en rapport avec le chiffre de ses officiers [1], plus élastique aussi, puisqu'elle pouvait passer de 150 à 100, c'est-à-dire perdre un tiers de son effectif sans cesser d'exister.

Ajoutons aussi que, par suite de son grade, le Rittmeister devait fatalement être en général beaucoup plus jeune que les officiers auxquels étaient confiées en France les unités similaires, et que par suite toutes les qualités d'entrain et d'allant avaient plus de chances de se développer dans la cavalerie prussienne.

Cette mesure si rationnelle fut d'abord appliquée aux hussards, puis aux dragons, et était en usage dès 1743. Elle fut plus longue à passer dans les mœurs pour les cuirassiers, dont les escadrons restèrent formés en deux compagnies jusqu'en 1789.

En France, au contraire, où le capitaine était resté propriétaire, dans le sens étroit du mot, les pertes de la guerre, la diminution

1. Cinq ou six.

des fortunes avaient obligé à abaisser constamment les effectifs qu'un seul homme pouvait se charger de lever et d'entretenir. Et là est l'origine de certaines mœurs militaires qu'on ne saurait comprendre sans la connaissance de cette situation spéciale.

La compagnie de 25 chevaux était devenue trop faible pour jouer, isolée, un rôle quelconque. Même pour les gardes, les piquets, les partis de découverte, on se trouva amené à employer d'une façon constante une unité temporaire dite : troupe de 50 maîtres. Or, les opérations de service en campagne étant considérées comme particulièrement dangereuses, on voulut éviter d'exposer des compagnies constituées à des risques qui auraient ruiné leurs capitaines. On se trouva donc amené à former chaque fois ces détachements par prélèvement des cavaliers sur tout un régiment ou une brigade, en assurant de façon précaire le commandement au moyen d'un capitaine et de deux lieutenants pris à leur tour de service. Les ordonnances successives consacrèrent longtemps plusieurs pages à la manœuvre spéciale de cette unité temporaire, mais constamment employée.

En ce qui concerne la constitution et la manœuvre de l'escadron, la faiblesse de la compagnie, réduite au rôle du peloton de nos jours, augmenta la proportion d'officiers d'une façon très exagérée et contribua à maintenir la lourdeur et le formalisme dont la cavalerie eut tant de peine à se débarrasser. Lorsque l'on voulut, ainsi qu'on le fit au début de la guerre de la Succession d'Autriche, élever l'effectif des compagnies à 35 cavaliers, on porta du coup l'escadron à 140. Mais, sur deux rangs, le front se trouva porté à 70 mètres, et telle était l'incapacité manœuvrière de l'époque qu'on ne put marcher, « même au trot, sans se rompre » (1). Comme, d'autre part, beaucoup de militaires préconisaient l'escadron de 160 chevaux, surtout à cause de la conservation des effectifs, rendue très précaire par le peu de soin que les cavaliers avaient de leurs montures (2), on se trouva amené à maintenir l'ordre sur trois rangs afin de diminuer le front,

1. Rapport du général de Vault, 1er mai 1750.

2. Mémoire du maréchal de Belle-Isle. Metz, 23 juillet 1750. — Réponse, dans le même sens, du ministre d'Argenson.

malgré les inconvénients déjà reconnus à cette époque de cette formation lourde et impropre aux allures vives.

Ajoutons enfin que le commandement de l'escadron ne fut jamais assuré d'une façon uniforme ni rationnelle, puisqu'il fut donné tantôt aux officiers supérieurs, tantôt aux capitaines les plus anciens.

Comment la Prusse et, avec elle, d'autres États allemands, tels que le Hanovre, avaient-ils pu confier au capitaine 120 ou 150 cavaliers ? Simplement en retirant à cet officier la propriété de sa troupe et la charge de l'entretenir. Ce fut le roi qui procura les hommes, les chevaux, l'habillement, l'équipement, le harnachement, dont le capitaine devint simple dépositaire et administrateur, mais sans que jamais des pertes provenant de faits de guerre pussent être mises à son compte.

« Un régiment prussien, disait justement un mémoire anonyme et remarquable sur la cavalerie prussienne[1], dans une affaire malheureuse, peut être écrasé ; cela est égal au roi de Prusse, qui fournit les hommes et les remontes ; mais dans un régiment français, où tout est à la charge des officiers, les pertes pourraient être trop considérables et impossibles à réparer. »

Une conséquence de l'organisation presque féodale de la cavalerie française au début du dix-huitième siècle était la profonde décadence dans laquelle elle était tombée en tout ce qui concerne la pratique de l'exploration et des reconnaissances, qu'elle avait autrefois brillamment exécutée sous Turenne et Condé.

De très nombreux témoignages montrent en effet que la cavalerie française avait complètement perdu l'habitude du service en campagne, tout au moins du service de reconnaissance et de découverte, encore très pratiqué par elle à la fin du règne de Louis XIV. Elle « n'allait plus à la guerre », comme on disait alors, et, si l'institution des troupes légères, sur lesquelles on se déchargeait trop volontiers de ce rôle essentiel, est une cause certaine de cette déchéance de l'esprit vraiment cavalier, la raison primordiale, déjà indiquée plus haut, était administrative. On ne pouvait exposer un capitaine propriétaire à être ruiné, si une

1. Archives de la guerre, carton III, Cavalerie, organisation, vers 1750.

partie de son monde tombait dans une embuscade. Sans doute, on avait diminué les risques en employant constamment la « troupe de 50 maîtres » prélevés sur toutes les compagnies d'un régiment ou d'une brigade, mais trois ou six cavaliers perdus par un capitaine auraient été pour lui la ruine ou peu s'en faut. La troupe de 50 maîtres ne servit plus qu'aux gardes, et, bien que jamais une distance quelconque entre celles-ci et le corps principal ne soit fixée par aucun règlement, ce qu'on sait de leur rôle habituel permet d'affirmer qu'elles n'étaient jamais éloignées d'un renfort. Peu nombreuses d'ailleurs, elles occupaient à très courte distance les « avenues du camp », s'occupant bien plus d'arrêter les espions et déserteurs que de surveiller un ennemi peu mobile lui-même et dont les mouvements étaient plus facilement signalés par les émissaires et les enfants perdus.

Telle est pourtant l'origine de l'organisation de la cavalerie française actuelle. Elle se ressent aujourd'hui encore de l'erreur commise au début du dix-huitième siècle, où l'on ne comprit pas la nécessité d'identifier la compagnie et l'escadron. Au lieu d'obliger le capitaine à entretenir un effectif suffisant pour constituer une véritable unité tactique, et de lui donner pour cela l'aide financière indispensable, on subordonna cette considération essentielle aux convenances économiques du moment et l'on se contenta de l'expédient consistant à former l'escadron de la réunion de plusieurs compagnies. Ce principe faux une fois passé dans les mœurs, tout ce qu'on put faire fut de réduire progressivement le nombre des compagnies entrant dans la composition de l'escadron. Mais, quand on fut descendu à deux, on ne put aller plus loin, c'est-à-dire arriver à l'organisation actuelle, qu'en distinguant le capitaine commandant du capitaine en second. Le plus grave inconvénient fut, et est encore, de faire arriver trop tard à la tête de la véritable unité tactique les officiers dont la jeunesse, l'allant et l'entrain sont les conditions mêmes de l'existence d'une véritable cavalerie.

II

APERÇU SUR L'ORGANISATION AU DÉBUT DE LA GUERRE DE LA SUCCESSION D'AUTRICHE

Au début de cette guerre, en laissant de côté la maison du roi, dont il sera question plus loin, les troupes à cheval comprenaient :

	HOMMES
57 régiments de cavalerie formant 159 escadrons;	
Parmi ces régiments, un seul, Royal-Carabiniers, est composé de 5 brigades, de 2 escadrons chacune. L'escadron de carabiniers est constitué par 4 compagnies de 25 hommes, soit	1 000
37 régiments de cavalerie sont à 3 escadrons, chaque escadron de 4 compagnies de 25 hommes; 19 régiments sont à 2 escadrons. L'ensemble de ces régiments donne.	14 900
Les dragons forment 15 régiments. Chaque régiment comprend 4 escadrons. L'escadron est divisé en 4 compagnies de 25 dragons. Les 60 escadrons de dragons s'élèvent à.	6 000
Les hussards forment 3 régiments, Ratsky, Berchény et Esterhazy, les deux premiers de 2 escadrons, le troisième d'un seul. Chaque escadron comprend 100 hommes en 4 compagnies de 25 maîtres : au total	500
TOTAL général (cavalerie, dragons et hussards). . . .	22 400

En dehors des hussards, comme troupes légères à cheval, on compte encore 8 compagnies franches de dragons, dont 2 de 40 hommes et 6 de 30 hommes.

Ainsi, au début des hostilités, un régiment de cavalerie à trois escadrons ne comptera en tout, officiers compris, que 344 cavaliers; un régiment de dragons à quatre escadrons ne s'élèvera qu'à 458 hommes (officiers et dragons).

C'est avec ces faibles effectifs que les régiments entrèrent en campagne. Leur insuffisance obligea bientôt à augmenter les compagnies et à accroître le nombre des escadrons. Sans entrer dans le détail des augmentations successives, nous signalerons seulement les plus importantes.

Pour la cavalerie, dès 1742, les compagnies furent portées de 25 à 35 maîtres, ce qui donna 140 hommes par escadron.

Au mois de janvier de la même année, les compagnies de dragons furent augmentées de 25 à 35 hommes; quelques mois plus tard, on les porta à 41 hommes, et enfin, au mois de juin 1743, elles atteignirent le chiffre de 50 hommes. Les 15 régiments furent mis à 5 escadrons de 3 compagnies chacun, et de la 16e compagnie de chaque régiment on créa le régiment du Roi-Dragons qui, par ce moyen, reçut la même composition que les autres.

En 1745, la création du régiment de Septimanie porta à 17 le nombre des régiments de dragons.

Les hussards, augmentés de plusieurs régiments, passaient, en 1748, du chiffre de 500 à celui de 4550.

Les troupes légères s'accroissaient aussi considérablement. Peu à peu, les compagnies franches se fondaient dans des corps mixtes, infanterie et cavalerie, tels que les chasseurs de Fischer, les arquebusiers de Grassin, le régiment de La Morlière, le corps des Volontaires royaux, le régiment des Bretons volontaires, etc. donnant au total, à la fin de la guerre, 13 249 hommes, dont 9 742 à pied et 3 507 à cheval (1).

Instruction et tactique. — Il n'existait pas, à proprement parler, de règlement de manœuvre dans les armées françaises au début du règne de Louis XV. La cavalerie savait marcher en colonne par compagnie, en bataille par escadron, pourvu que ce fût au pas ou au petit trot et toujours sur trois rangs. Cependant, les carabiniers et la maison du roi avaient pris l'habitude de combattre sur deux. Tous les officiers étaient devant le rang, généralement gardés par des cavaliers de choix, ce qui formait en réalité un rang de plus. On savait passer de la colonne à la ligne de bataille et inversement, mais uniquement par le mouvement

1. Archives historiques, vol. 3075.

carré, dit « caracol » ou quart de conversion. Un « Projet d'instruction pour la cavalerie », rédigé en 1732 par M. de Mortaigne, major de Royal-Allemand[1], indique ces divers mouvements, auxquels s'ajoutent ceux de marcher par 2, 4 ou 8, mais sans aucune explication. On sait seulement qu'ils se faisaient toujours de pied ferme. La distance entre les rangs étant de six pas, la colonne de compagnies se trouvait par suite plus longue que le front de l'escadron en bataille : il en résultait une grosse difficulté pour les déploiements sur le flanc, mouvements qui deviendront plus tard usuels et les seuls rapides que la cavalerie française ait longtemps connus. Mais aucune uniformité n'existe dans les mouvements ou les commandements. Tantôt, les dix officiers sont dans le premier rang, tantôt en dehors. « Chacun ignore le vrai poste qu'il doit occuper. L'ancien capitaine, dont la compagnie est à gauche, prend la droite. Celui d'ensuite prend la gauche..... Tout cela produit une grande irrégularité dont naît souvent la confusion[2]. »

Quant aux grandes unités, elles comprennent, après le régiment d'un nombre variable d'escadrons, les brigades formées de cinq à six escadrons, et réparties en deux *lignes*. En général, la première est pleine ou à faibles intervalles, la seconde, « tant pleins que vides ». La constitution de lignes entièrement pleines est déjà reconnue comme présentant de graves inconvénients. Le chevalier de Chabo fait remarquer que cette disposition vicieuse causa un grave échec à Dettingen, où la déroute de la première ligne entraîna celle des suivantes.

Les défauts de ces procédés tactiques si rudimentaires s'aggravent encore d'une absolue insuffisance dans l'instruction individuelle, le dressage et l'équitation.

Le capitaine propriétaire administre sa compagnie comme une ferme et ne cherche qu'à en tirer bénéfice. Il verrait d'un mauvais œil ses chevaux soumis à un travail intensif. Les régiments où l'on monte à cheval deux fois par semaine, en été, sont rares. Ceux dont les chevaux sortent une fois par semaine en hiver sont

---

1. Imprimé à Metz, en 1733, par les soins du comte de Belle-Isle.
2. Chabo, *Plan d'évolutions uniformes pour la cavalerie.* (Archives de la guerre, Cavalerie, tactique, carton V.)

l'exception. On passe un an en garnison et deux en quartiers, répandus par compagnies dans des villages.

« Les capitaines de cavalerie ne songent plus qu'à pousser les chevaux de nourriture en arrivant dans les quartiers, pour les engraisser; après quoi, ils diminuent la ration insensiblement pour mettre de l'argent dans leur poche et ne conservent leurs chevaux gras que parce qu'ils les laissent six mois dans une écurie sans aucun mouvement. Ils ont peur aussi d'user les équipages, selles, brides et autres, qui coûtent de l'argent à raccommoder. De là il s'ensuit que les chevaux sont pesants et que les cavaliers ne sont plus que des valets d'écurie qui sont embarrassés lorsqu'ils sont montés sur un cochon aussi maladroit qu'eux(1). »

Par une anomalie étrange, les officiers de cavalerie n'ont pas droit à une monture et au fourrage en temps de paix. Ceux d'entre eux, assez riches pour entretenir un cheval à leurs dépens, sont l'exception. Aussi, comme l'écrivait M. de Mortaigne en 1733, « les trois quarts des officiers de cavalerie ne sont point montés ou le sont si mal et ont des chevaux si peu convenables à la tête d'une troupe que ce défaut n'est pas tolérable »(2).

Ajoutons enfin qu'on ne prend jamais le galop en troupe, la charge se faisant au pas ou au trot, l'épée à la main. L'emploi du feu à cheval, sans être absolument proscrit, est tout à fait tombé en défaveur(3). Si à Fontenoy les carabiniers et la maison du roi ont attaqué au galop, ce fut « en fourrageurs » et avec un désordre

1. *Mémoire sur les abus introduits dans le militaire*, 31 juillet 1736, vol. 1305, France, mémoires et documents. (Archives du ministère des affaires étrangères.)

2. Observations jointes à la minute du *Projet d'instruction pour les évolutions et exercices de la cavalerie*. Cavalerie, tactique, carton V.

3. On croit pouvoir affirmer que le principe est déjà universellement admis dans notre cavalerie que toute troupe qui fait usage de son feu en chargeant se condamne à être battue et que l'arme blanche seule doit servir dans le combat de cavalerie contre cavalerie. Une lettre de Villars (le futur maréchal), du début de la guerre de la Succession d'Espagne (carton Cavalerie, organisation, I), dit que notre cavalerie s'accorde à reconnaître la supériorité du sabre sur le mousqueton au moment de la charge. En 1732, au camp de Richemont, le comte de Belle-Isle, exerçant les escadrons à charger les uns contre les autres, prescrit qu'une ligne fera usage du mousqueton, l'autre du sabre, et que la première, après avoir fait sa décharge, sera par le fait même censée battue et forcée à faire demi-tour. Le gain de la bataille de Guastalla, en 1734, fut dû à ce que notre cavalerie, quoique inférieure en nombre, chargea, le sabre à la main, les cuirassiers autrichiens, sans répondre à la décharge que ces cuirassiers avaient faite sur elle avec leurs mousquetons.

qui rendit leurs efforts infructueux jusqu'au moment où un simple officier, M. de Montesquiou, eut l'idée de rallier sa troupe et d'attaquer avec elle à rangs serrés.

En ce qui concerne le service en campagne, on connaît et on emploie souvent la *patrouille de découverte* (*sic*), forte de 4 à 6 cavaliers sous les ordres d'un bas-officier. On utilise parfois la troupe de *20 à 30 maîtres*, sous les ordres d'un lieutenant ou d'un cornette, aux gardes et rarement à la découverte. Mais le détachement le plus ordinaire est la *troupe de 50 maîtres* prélevés à raison de 6 par compagnie sur le régiment, anciennement sur la brigade. Encore se plaint-on que le chiffre de 6 cavaliers pris à chaque compagnie soit trop fort, car il fait courir trop de risques pécuniaires au capitaine, lorsque le détachement « va à la guerre » (*sic*), c'est-à-dire « à la découverte, à 4 ou 5 lieues », et risque de tomber dans une embuscade [1]. Mais la découverte est rare et plutôt confiée aux hussards. La troupe de 50 maîtres sert surtout aux *gardes d'honneur*, de *police* ou *ordinaires*, dites communément *grandes gardes*, et dont le rôle est au moins autant d'arrêter les déserteurs que de surveiller l'ennemi.

1. Chabo ; voir ci-dessous.

III

LA CAVALERIE
ENTRE LA GUERRE DE LA SUCCESSION D'AUTRICHE ET LA GUERRE DE SEPT ANS

La période comprise entre 1747 et 1755 fut importante pour la cavalerie française, moins peut-être à cause des réformes insuffisantes qu'elle subit que par suite de l'apparition d'écrits de haute valeur dont l'influence ne se produisit que beaucoup plus tard.

État de la cavalerie en 1749. — Les précieux papiers du chevalier de Chabo donnent sur l'état réel des troupes à cheval les renseignements les plus complets et les plus précis. C'est à cette source que sont empruntés la plupart des détails qui vont suivre.

La *maison du roi* comprend :

Les *gardes du corps,* 4 compagnies à 6 brigades, chacune forte de 50 maîtres [1]. Le tout forme en guerre 8 escadrons de 150 sabres, soit pour l'ensemble 1 200.

Tous les gardes ont rang de lieutenant de cavalerie ; ils servent fort peu, et Chabo les définit : « Un corps de mauvais cavaliers, plein de courage, communément très bien monté. Leurs chevaux sont depuis 4 pieds 9 pouces jusqu'à 5 pieds, légers et très bons s'ils étaient en haleine, mais le repos des trois quarts de l'année, où, les gardes étant absents, il ne reste que des palefreniers

1. Par une ordonnance du 8 janvier 1749, les brigades des gardes du corps ont été réduites de 55 à 50 maîtres par la suppression des 5 surnuméraires entretenus dans ces brigades depuis 1744.

qui ne les montent ni les promènent presque jamais, ruine leurs beaux chevaux plus que l'usage fréquent. »

Les *gendarmes de la garde,* 1 escadron de 150 sabres. En tout semblables aux gardes du corps.

Les *chevau-légers de la garde,* 1 escadron de 150 sabres. Était d'abord semblable aux gendarmes, mais s'est transformé en une sorte d'école pour la jeune noblesse. « Ce sera toujours, dit Chabo, un escadron d'élite, très courageux, très bien monté et très bien exercé. »

Les *mousquetaires gris* et *noirs,* 2 compagnies de 200 cavaliers chacune en 4 brigades. Étaient sous Louis XIV composés de jeunes gens, nobles en majorité, qui s'instruisaient avant de passer dans la cavalerie. Sous Louis XV, le corps devient en tout semblable aux gardes du corps et ne vaut pas davantage.

Les *grenadiers à cheval,* 1 compagnie formant un escadron de 130 hommes en paix (150 en guerre), recrutés sur toutes les compagnies de grenadiers. Ce sont donc des roturiers à qui il faut apprendre l'équitation. Ils n'ont pas de bidets pour porter leurs bagages et ne sont pas traités comme officiers.

Le total de la maison du roi est de 2 030 cavaliers, non compris 134 officiers supérieurs portant des titres divers suivant les corps. Elle forme 13 escadrons de guerre.

Ce sont en somme des corps d'élite, braves et bien montés, mais peu ou pas exercés, nullement entraînés, dispendieux et encombrants en campagne par suite des bagages qu'ils traînent à leur suite. Ils sont impropres à tout autre service qu'à fournir une charge brillante un jour d'affaire décisive. Leur réputation s'est consolidée à Fontenoy. Ils n'y ont perdu pourtant que 22 cavaliers, alors que les carabiniers ont eu 400 hommes hors de combat et que certains régiments ont laissé le tiers ou même la moitié de leur effectif sur le carreau.

Une remarque doit être faite au sujet de l'organisation intérieure de cette cavalerie. Le rapport entre la compagnie et l'*escadron* diffère absolument de ce qu'il est dans la cavalerie de ligne. Dans les gendarmes, les chevau-légers, les mousquetaires, les grenadiers à cheval, les deux unités se confondent en une seule. Dans les gardes du corps mêmes la compagnie forme deux escadrons. La raison de cette différence est purement économique. Le capitaine, dans la maison du roi, n'est propriétaire ni des chevaux ni des effets; il n'y a donc pas d'inconvénient à lui confier 150 ou même 200 cavaliers, tandis qu'aucun capitaine de la ligne ne voudra ou ne pourra se charger d'entretenir une unité aussi forte, dans laquelle les pertes deviendraient désastreuses pour lui.

Gendarmerie. — 16 compagnies de 50 cavaliers, dites de gendarmes ou de chevau-légers, divisées en brigades commandées par des sous-lieutenants et des enseignes. Ils se recrutent parmi les fils de gros fermiers, de bourgeois ou de marchands, ayant 200 à 300 livres de rente. Ils avancent à l'ancienneté et au choix pratiquement jusqu'au grade de capitaine, exceptionnellement jusqu'à celui de maréchal de camp.

Les gendarmes forment 8 escadrons à 2 compagnies, au total 800 cavaliers.

La ***cavalerie***, dite ***cavalerie légère française***, forme 56 régiments à 2 escadrons et à 8 compagnies, sauf le premier, Colonel-Général, qui a 3 escadrons et 12 compagnies, et le corps des carabiniers, qui comprend 5 brigades formant 10 escadrons et 40 compagnies.

Chaque compagnie est de 30 [1] maîtres [2].

Les régiments sont rangés par ancienneté de formation et répartis aux armées par brigades [3].

---

1. *30 maîtres*. Ce chiffre est important. Il a été conservé jusqu'en 1756. C'est l'ordonnance du 15 mars 1749 qui a mis toutes les compagnies à 30 maîtres au lieu de 40.

2. Le cavalier a pour armes offensives et défensives :
   1 mousqueton et 2 pistolets,
   1 sabre de 33 pouces,
   1 cartouche à 12 coups,
   1 plastron,
   1 calotte de fer dans l'intérieur du chapeau.

Les officiers ont une épée de 31 pouces de long et portent la cuirasse complète.

3. Le grade de brigadier est indépendant de l'ancienneté des régiments. Il est donné soit à des mestres de camp, soit à des lieutenants-colonels, de sorte que, par une anomalie étrange, un lieutenant-colonel peut, en campagne, avoir à commander la brigade où se trouvent son régiment et son colonel. Il peut même arriver que le brigadier n'appartienne pas aux régiments placés sous ses ordres. Ainsi à l'armée de Bohème, en 1741, le maréchal de Belle-Isle, voyant le nombre des brigadiers trop élevé pour les six brigades qu'il veut former, ne fait délivrer par la cour que six lettres de service aux six brigadiers les plus anciens.

Le *régiment royal des carabiniers*, 40 compagnies de 30 hommes, comprend 10 escadrons en 5 brigades, en tout 1 200 chevaux.

Ce corps avait été formé par Louis XIV, par analogie avec les grenadiers, en réunissant les hommes d'élite de chaque régiment en compagnies. Celles-ci constituèrent, en 1693, un corps spécial qui se recruta sur les divers régiments de cavalerie moyennant 90 livres par homme fourni (avec son habit et son chapeau) ayant de vingt-cinq à quarante ans, 5 pieds 4 à 5 pouces de taille, deux ans de service et devant encore trois ans, ou au moins consentant à servir encore trois ans. On se plaignait que les corps de cavalerie cherchassent à se débarrasser de leurs mauvais sujets. « La nature du carabinier, dit Chabo, est d'être courageux et libertin ; ce qui, à la guerre, rend le corps un peu maraudeur. »

Les carabiniers forment 5 brigades de 2 escadrons de 4 compagnies chacune. La brigade est commandée par un mestre de camp chef de brigade, avec un lieutenant-colonel et un major. Le corps entier est sous les ordres du plus ancien chef de brigade, qui est toujours un officier général.

La ***cavalerie étrangère*** comprend :

Le Royal-Allemand	2 escadrons	240 hommes.
Le régiment de Wurtemberg [1]. . .	—	—
— de Nassau	—	—
— irlandais de Fitz-James.	—	—

Dragons. — Se recrutent dans les villes, sont mauvais cavaliers, ont des chevaux communs, un sabre de 33 pouces, un seul pistolet (l'autre remplacé par une hache ou un outil), un fusil à baïonnette, une demi-giberne à 30 coups, une courroie à la bride pour attacher les chevaux ensemble. Les officiers ont des

1. Le régiment de *Wurtemberg* est l'ancien Rosen, encore désigné sous ce nom dans les ordonnances du début de 1749, mais donné le 1er février 1749 à Louis-Eugène, prince de Wurtemberg. On peut donc lui laisser, dans l'état de la cavalerie en 1749, le nom de Wurtemberg. Le régiment étranger de *Schomberg* cité par Chabo sera rangé avec les troupes légères. Ce régiment qui, en 1749, porte encore le nom de *Volontaires de Saxe*, deviendra *Volontaires de Frieze*, le 8 janvier 1751, et enfin *Volontaires de Schomberg*, le 22 juin 1755. Pour l'effectif des Volontaires de Saxe, il est encore, en 1749, de 960 hommes en 6 brigades de 160 hommes chacune. Il sera réduit, en devenant Volontaires de Frieze, en 1751, à 6 brigades de 60 hommes chacune.

épées de 31 pouces de long. Ils sont armés d'un fusil avec sa baïonnette et portent une gibecière garnie de six cartouches.

On compte 16 régiments commandés par des mestres de camp et formant chacun 2 escadrons en 8 compagnies de 30 hommes, plus 4 compagnies à pied de 60 hommes, appelées à se dédoubler à la guerre. Les dragons ont encore, en France, bien plus que dans les autres cavaleries européennes, le caractère d'infanterie montée et ont souvent servi à pied dans la guerre de la Succession d'Autriche. A cheval, ils ne se distinguent par aucune qualité particulière, sinon qu'ils montent plus mal que les cavaliers et que, sous prétexte qu'ils ont la botte molle ou la bottine, au lieu de la botte forte, ils ne se croient pas tenus à garder la même cohésion dans les rangs.

Hussards. — Chabo se plaint que la qualité en ait baissé. « Il y a parmi eux, dit-il, peu de Hongrois, mais des Allemands, Liégeois, Français qui ne savent rien, et ont été très faibles dans la dernière guerre. »

Les Hongrois forment 3 régiments : Berchény à 2 escadrons, Turpin, Pollereczki à un seul; 4 compagnies de 25 hussards constituent un escadron. Les chevaux sont de toutes provenances : beaucoup de navarrins, qui résistent mal à l'humidité de la Flandre. Outre ces régiments, les Allemands, mêlés à des Liégeois, forment 4 régiments : Lynden, Beausobre, Raugrave et Ferrary, tous à un seul escadron.

Les hussards ont dégénéré. Pour empêcher leurs maraudes, on les a astreints au bivouac comme les autres troupes. Ils portent donc un matériel de campement et de cuisine qu'ils n'avaient pas d'abord. Ils ont des états-majors, des étendards, des timbales, des manteaux. Ils sont donc aussi chargés que les autres, et la faiblesse de leurs chevaux les rend encore moins mobiles. Ils ne se distinguent de la cavalerie que parce qu'ils manœuvrent plus mal. Ils ont un mousqueton, deux pistolets, un sabre courbé de 35 pouces de long et une cartouchière à vingt coups. Les officiers portent le même sabre que les hussards.

Troupes légères à cheval. — Les troupes légères dans lesquelles il entre des cavaliers ou dragons sont, en 1749, après les réformes de 1748 et du début de 1749 :

Volontaires de Saxe, 6 brigades de 160 hommes	960
Volontaires royaux, 8 compagnies de dragons de 30 hommes.	240
Volontaires de Flandre, 2 compagnies de 20 maîtres. . . .	40
Volontaires du Dauphiné, 1 compagnie de dragons de 20 hommes	20
Chasseurs de Fischer, 1 compagnie à cheval de 20 hommes.	20
Régiment étranger de Geschray, 2 compagnies de dragons de 20 hommes	40
TOTAL	1 320

L'effectif total des troupes à cheval : cavalerie, dragons, hussards et troupes légères, est le suivant :

	ESCADRONS	CHEVAUX
Maison du roi	13	2 030
Gendarmerie.	8	800
Carabiniers	10	1 200
Cavalerie française.	111	*13 320*
Cavalerie étrangère.	*8*	960
Dragons	*64*	*7 680*
Hussards	8	800
Troupes légères à cheval (volontaires de Saxe, volontaires royaux, volontaires de Flandre, volontaires du Dauphiné, chasseurs de Fischer, régiment étranger de Geschray).	»	1 320
TOTAUX	222	28 110 [1]

Le mouvement des idées en matière de tactique de cavalerie. — Le rôle de la cavalerie pendant la campagne avait été fort peu brillant. Lourds et peu manœuvriers, cherchant le succès bien moins par l'impétuosité de leurs attaques que par l'ordre et la cohésion poussés à l'extrême, les escadrons s'étaient montrés très braves, très résistants sous le feu, mais peu utiles. L'incertitude et l'incohérence, qui tenaient à l'absence d'une réglementation générale, s'étaient affirmées d'une façon si évidente que le premier objet des travaux devait être d'obtenir l'uniformité de

1. Non compris les officiers et maréchaux des logis.

manœuvre dans les divers corps. C'est à cette tâche que se bornèrent tout d'abord les écrivains militaires, en première ligne desquels il faut citer le chevalier de Chabo, dans son *Plan d'évolutions uniformes pour la cavalerie,* écrit à la fin de 1748 ou au commencement de 1749 (1).

Pour lui, la cavalerie doit se porter au combat sur plusieurs lignes, mais toutes avec des intervalles, au pas, s'arrêter pour s'aligner, sonner la charge à soixante pas, mais pour marcher au trot. De petites fractions disposées en arrière des ailes doivent alors les dépasser et se rabattre sur l'ennemi. On marche en colonne par deux, quatre, par compagnie, deux compagnies ou par escadron. Les ruptures et les formations se font de pied ferme et par des mouvements carrés.

En somme, Chabo ne fait que consacrer ce qui existe, et ce n'est pas dans son œuvre qu'on peut trouver l'indice d'un progrès ultérieur. Dans les œuvres de La Porterie, de de Belle-Isle, de de Vault on ne trouve pas beaucoup plus.

Mais, à la même époque, un remarquable précurseur, Drummond de Melfort, préconisait et faisait même appliquer à son régiment *Orléans-Cavalerie* des principes de manœuvre entièrement nouveaux et d'une rare clairvoyance. On doit considérer son œuvre comme inspirée en grande partie par le maréchal de Saxe, dont il avait été l'aide de camp à Fontenoy (2).

Melfort commence par faire le procès de l'équitation dite « d'écuyer » qu'on s'efforce, à tort et inutilement d'ailleurs, d'apprendre aux cavaliers militaires. Au grand scandale de l'Académie, il prône l'étrier court, la course, le saut d'obstacle, l'emploi des armes au galop, les exercices de natation.

Quant à la manœuvre, il découvre et fait appliquer dans son régiment le *guide au centre de l'escadron,* le chef étant à six pas devant le rang et quatre officiers à un pas devant le centre de leurs unités. Au lieu du gros et lourd escadron de 160 chevaux recommandé par le maréchal de Belle-Isle, Melfort est partisan de l'escadron carré de 98 chevaux et de cinq escadrons par régiment;

1. Archives de la guerre, Cavalerie, tactique, carton V.

2. Le manuscrit, daté de 1749 (carton Cavalerie, tactique, II), est intitulé *Essai sur les évolutions de la cavalerie.*

mais il veut qu'il y ait un excédent d'effectif pour boucher les vides, constituer les détachements et former un troisième rang, bien qu'en principe il n'admette que la formation sur deux rangs.

Dans la pratique des conversions par compagnie ou peloton de manœuvre à pivot fixe, Melfort paraît avoir été le premier à signaler pour le deuxième rang l'obligation de déboîter du côté de l'aile marchante par le mouvement de « tête à botte », qui n'est autre que l'oblique individuelle, mais dont il ne tire pas tout le parti qu'on devait en obtenir plus tard. Le principe des ruptures et des formations reste en effet pour lui le mouvement carré, mais avec une variante remarquable : le mouvement de « par files à droite (gauche) », c'est-à-dire exactement la marche de flanc sans doubler de l'infanterie, en faisant front successivement à l'arrivée de chaque file sur la nouvelle formation. Cette intéressante innovation, combinée avec l'emploi du galop pour tous les mouvements de rupture et de formation, ne trouvera son application que beaucoup plus tard. Son plus grand défaut est de causer des « à-coups » certains, mais elle donne une rapidité de manœuvre dont les contemporains ne pouvaient avoir idée.

Ajoutons aussi que le galop entre, avec Melfort, dans les procédés usuels de manœuvre. C'est, d'après lui, à cette allure que doivent se faire les ralliements, la marche d'approche, la charge. Enfin, le formalisme reçoit sa plus grave atteinte par l'institution de la manœuvre en terrain varié, même à travers bois.

Tout cela, il faut le répéter, non seulement Melfort le conseille, mais il le pratique et le fait pratiquer à son régiment.

Les esprits n'étaient pas, malheureusement, préparés à profiter des beaux travaux de ce grand cavalier. Consultés par le comte d'Argenson, les inspecteurs n'aboutissent qu'au mémoire du 16 mai 1750, lequel n'entre que bien timidement dans la voie du progrès.

L'escadron sera fort de 140 hommes, de façon à avoir un maximum de 50 chevaux de front en marchant sur trois rangs. « Au delà de ce nombre, est-il dit naïvement, il a peine à marcher ensemble sans frottement et à former un corps solide et impénétrable. » Mais, comme les effectifs se perdent en campagne, on fixera une fois pour toutes le front à 48 files, et l'on ne formera un troisième rang que de ce qui surpassera le nombre de 96. C'est là l'origine de ce groupe indépendant, qu'on retrouvera longtemps dans la suite et qui, originairement, doit surtout servir à dépasser les ailes au moment du choc et à se rabattre sur les derrières de l'ennemi, enfin à le poursuivre en cas de succès.

L'étude entreprise par les inspecteurs de cavalerie aboutit à un projet de règlement qui fut mis en essai au début de 1752, puis à l'*ordonnance du 29 juin 1753* dont le but, défini dans le préambule, fut surtout d'obtenir « l'uniformité » entre les différents corps.

Après de longues et minutieuses prescriptions sur le maniement des armes à pied et à cheval, et sans pour cela que l'emploi du sabre soit le moins du monde envisagé, les manœuvres sont traitées en détail. L'ordre habituel est sur deux rangs, mais on se forme sur trois par un mouvement compliqué. Les rangs sont serrés « autant que possible », ce qui causera longtemps encore le maintien de la botte forte ; les chevaux du deuxième rang ont la tête sur la croupe de ceux du premier « sans cependant donner d'atteintes » ; le guide est à l'aile, marqué par un officier dans le rang. Seul, le commandant de l'escadron est devant le centre. Les ruptures par quatre files ou par compagnie se font toujours par des mouvements carrés : il en est de même des formations, dont la base reste de pied ferme après avoir marché l'étendue voulue pour permettre la conversion de l'unité qui la suit.

Quant à la charge, elle se fait au trot et on s'y exerce en plaçant deux escadrons en face l'un de l'autre. Celui qui doit être battu fait demi-tour à droite par homme et se retire au galop. A la vérité, on prescrit que la troupe qui doit être repoussée aura le mousqueton haut, tandis que l'autre l'attaquera le sabre à la main, de façon à montrer la supériorité de l'arme blanche. Mais on ne peut imaginer d'exercice plus faux et plus dangereux que cet apprentissage de la défaite. Si beaucoup d'écrivains du dix-huitième siècle ont pu dire qu'en guerre le choc de deux lignes de cavalerie était rare, la cause doit en être cherchée à la fois dans la lenteur de l'attaque et dans l'habitude d'une prompte retraite qu'hommes et chevaux prenaient dans les manœuvres du temps de paix.

Enfin et par application de l'usage courant qui a été signalé plus haut, la « manœuvre pour une troupe de 50 maîtres » fait l'objet d'une règlementation spéciale, d'ailleurs courte.

Dans les camps réunis en 1753, ces diverses évolutions furent essayées et firent l'objet d'applications pratiques. Par une remarquable initiative de Chevert au camp de Sarrelouis, on vit le régiment de dragons *Mestre-de-Camp-Général* exécuter des marches en bataille *au galop*, des mêlées et des poursuites à cette allure, des attaques contre l'infanterie avec arrêt sous le feu et contre les baïonnettes. Ce fut là une très rare exception (1). « Si toute la cavalerie, dit Maillebois, est dans le même état que celle qui a campé cette année en Alsace, il n'est pas possible de s'en servir utilement à la guerre... (elle) n'est pas exercée et ceux des régiments qui le sont le mieux le sont sur des principes différents de l'Instruction... tous les mouvements sont trop pesants. »

Une nouvelle réunion des inspecteurs pendant l'hiver 1753-1754 n'ayant pas abouti, le ministre signa seul une nouvelle instruction, datée du 14 mai 1754, simple reproduction de la précédente sauf d'insignifiants détails. Cependant, il faut noter la suppression de l'exercice du demi-tour individuel dans la charge sur le terrain de manœuvre. A l'avenir, les deux partis auront le sabre à la main et ne s'arrêteront que lorsque « les têtes se touchent et les sabres se croisent ».

Les manœuvres exécutées dans les camps pendant l'été de 1754 ne différèrent donc pas notablement des précédentes. D'après le programme de l'une d'elles (2), on fera quarante fois des à-droite ou des à-gauche par compagnie, deux compagnies, ou un escadron, deux charges avec demi-tour au galop par compagnie dans l'un des partis, et au trot ou au « grand pas (*sic*) » dans l'autre, puis l'on rentrera au bivouac.

---

1. Ce régiment, commandé par le duc de Chevreuse, officier très distingué, avait pour major M. de la Porterie, un des meilleurs cavaliers de son époque.

2. 12 septembre 1754 (*Revue d'histoire*, année 1903, p. 27).

Les observations faites furent du plus médiocre intérêt ; les inspecteurs ne paraissent pas avoir été réunis ni s'être mis d'accord, et ce fut encore le ministre seul qui signa l'ordonnance, définitive cette fois, du 22 juin 1755.

La place des officiers est changée : le capitaine et le lieutenant sont à un pas devant le premier rang, l'un devant le tiers de droite, l'autre devant le tiers de gauche. Ils ne sont pas guides pour cela, puisque la direction reste confiée au gradé de l'aile droite. Le commandant de l'escadron est devant le centre, à une demi-longueur de cheval en avant des autres officiers.

Le régiment de manœuvre est à 2 escadrons formés de 8 compagnies. La compagnie, commandée par 1 capitaine et 1 lieutenant, de *24* cavaliers dans le rang.

L'école de compagnie ne comprend que la marche par un, deux ou quatre et la formation en bataille sur un ou deux rangs, exceptionnellement sur trois.

Dans l'école de régiment, le passage de la formation en colonne de compagnies à la formation en bataille en avant se fait par mouvements carrés successifs et deux conversions à angle droit, chaque compagnie venant converser au même point que la deuxième.

Le déploiement en bataille sur la droite se fait par le mouvement processionnel et sans inversion.

On traite spécialement la manœuvre pour une troupe de *50 maîtres* (1 capitaine, 2 lieutenants), détachement ordinaire et force habituelle des gardes. Cette troupe forme *2 divisions*.

Ce règlement est extrêmement court — quatre-vingt-dix pages seulement pour la manœuvre, en y comprenant quelques mots sur les gardes. Il ne vise directement ni le combat, ni les allures, ni la charge. On s'en tient sur ces points essentiels aux errements en usage.

Au moment donc où allait s'engager la guerre de Sept ans, on peut dire que la cavalerie française n'avait fait depuis le début du dix-huitième siècle qu'un seul progrès réel : l'uniformité de la manœuvre pour tous les corps. Peut-être pourrait-on ajouter une tendance plus générale à la formation sur deux rangs, le troisième ayant un rôle spécial. Mais, ni comme organisation ni comme tactique, on n'avait gagné, alors que, pendant la même période, la Prusse passait du règlement de 1727, aussi mauvais que le nôtre, à celui de 1743 qui peut être regardé comme le premier mis en pratique dans une cavalerie vraiment moderne. Cet exemple avait été perdu, mais plus grave et plus inexcusable était le peu de cas qu'on avait fait des doctrines cavalières de Drummond de Melfort, que la routine et l'inertie des plus hautes personnalités militaires avaient arrêté dans ses remarquables tentatives, l'obligeant à ramener son célèbre régiment, si allant et si manœuvrier quand il était à sa tête, à la lenteur et au formalisme de l'ordonnance de 1755.

IV

ÉTAT DE LA CAVALERIE AU DÉBUT DE LA GUERRE DE SEPT ANS

Bien que la déclaration de guerre à l'Angleterre soit du 9 juin 1756, les hostilités ne commencèrent sur le continent que l'année suivante. Les derniers mois de 1755 et l'année 1756 furent employés à augmenter l'effectif de la cavalerie et à la mettre en état d'entrer en campagne au printemps suivant, grâce aux mesures indiquées ci-après :

Maison du roi. — Elle n'a point subi de changements depuis 1749, comme on le verra par sa composition détaillée plus loin.

Gendarmerie. — Par une ordonnance du 16 décembre 1756, les 16 compagnies de gendarmerie sont portées de 50 hommes à 75.

Cavalerie. — Par une ordonnance du 1er décembre 1755, les régiments de cavalerie, tant français qu'étrangers, ont leurs compagnies augmentées de 30 à 40 maîtres. Il en est de même des carabiniers.

Dragons. — Par une ordonnance du 8 août 1755, les régiments de dragons, alors composés de 8 compagnies à cheval de 30 hommes et de 4 compagnies à pied de 60, sont portés à 16 compagnies de 40 hommes montés. (Les quatre compagnies à pied se dédoublent pour en faire huit).

Hussards. — Par une ordonnance du 30 octobre 1756, les régiments de hussards de Lynden, Beausobre et Ferrary sont incorporés dans Berchény, Turpin et Pollereczki.

Ces 3 derniers régiments sont portés à 4 escadrons. Chaque escadron est formé de 2 compagnies, fortes chacune de 75 hommes.

Troupes légères, dans la composition desquelles entrent des cavaliers ou dragons. — Par une ordonnance du 20 novembre 1756, le régiment de Raugrave prend le nom de Volontaires Liégeois et est porté de 100 à 300 hommes. Ces 300 hommes forment 2 escadrons, chaque escadron de 2 compagnies, chaque compagnie de 75 hommes.

Par une ordonnance du 18 novembre 1756, est créé le régiment des Volontaires de Nassau, de 300 hommes. Ces 300 hommes forment 2 escadrons, chaque escadron de 2 compagnies, chaque compagnie de 75 hommes.

Par une ordonnance du 20 novembre 1756, les Volontaires de Flandre sont portés de 360 hommes à 720, répartis en 12 compagnies de 60 hommes, dont 40 à pied et 20 à cheval.

Par une ordonnance du 18 novembre 1756, le corps des Volontaires Royaux, composé de 620 hommes, est porté à 950 hommes répartis en 16 compagnies : 2 compagnies de grenadiers de 45 hommes chacune ; 12 compagnies fortes chacune de 70 hommes, dont 40 à pied et 30 montés ; 1 compagnie d'ouvriers de 20 hommes.

Les Volontaires du Dauphiné gardent la composition que leur a fixée l'ordonnance du 20 mars 1749. Ils restent à 120 hommes, formant 6 compagnies, dont 5 d'infanterie à 20 hommes et 1 de dragons de 20 hommes.

Par une ordonnance du 25 octobre 1756, le corps des Chasseurs de Fischer est porté de 220 hommes à 600 hommes, en 6 compagnies : 5 compagnies d'infanterie de 40 hommes et 4 compagnies à cheval de 75 hommes.

Le régiment étranger de Beyerlé (ancien Geschray) garde la composition que lui a fixée l'ordonnance du 25 mars 1749. Il reste à 120 hommes ainsi répartis : 80 hommes d'infanterie en 2 compagnies de 40, et 40 dragons en 2 compagnies de 20.

Les Volontaires de Schomberg (anciennement Volontaires de

Saxe, puis Volontaires de Frieze) gardent la composition que leur a fixée l'ordonnance du 8 janvier 1751. Ils restent à 6 brigades de 60 hommes chacune.

Par ordonnance du 26 décembre 1756, est créée une compagnie de fusiliers-guides de 25 hommes, dont 12 à cheval et 13 à pied.

*
* *

Ces augmentations connues, il est possible d'arrêter le chiffre des forces que la France avait sur pied, au début de l'année 1757, en cavalerie, dragons, hussards et troupes légères à cheval.

	ESCADRONS	NOMBRE d'hommes
Maison du roi	—	—
4 compagnies de gardes du corps, chaque compagnie formant 2 escadrons et 6 brigades de 50 hommes chacune.	8	1 200
1 compagnie de grenadiers à cheval de 130 hommes, mettant en ligne un escadron	1	130
1 compagnie de gendarmes de la garde, de 150 hommes, mettant en ligne un escadron.	1	150
1 compagnie de chevau-légers de la garde, de 150 hommes, mettant en ligne un escadron	1	150
2 compagnies de mousquetaires, de 200 hommes chacune, formant 2 escadrons.	2	400
TOTAL pour la maison du roi	13	2 030
Gendarmerie		
16 compagnies formant 8 escadrons, chaque escadron de de 2 compagnies, chaque compagnie de 75 hommes .	8	1 200
Cavalerie		
Cavalerie française. — Elle comprend 56 régiments ainsi composés :		
Royal des carabiniers, 5 brigades de 2 escadrons chacune, l'escadron de 4 compagnies de 40 maîtres	10	1 600
Colonel-Général, 3 escadrons de 4 compagnies de 40 maîtres	3	480
54 régiments à 2 escadrons de 4 compagnies de 40 maîtres, ce qui donne, pour un régiment, l'effectif de 320 hommes	108	17 280

	ESCADRONS	NOMBRE d'hommes
	—	—
Ces régiments sont : Commissaire-Général, Mestre-de-Camp-Général, Cuirassiers, Royal-Roussillon, Royal-Pologne, Bourgogne, Berri, Orléans, Lusignan, Marcieu, Talleyrand, La Rochefoucauld, Lameth, Bellefonds, Henrichemont, Moustiers, Harcourt, Noailles, Royal, du Roi, Royal-Étranger, Royal-Cravates, Royal-Piémont, la Reine, Dauphin, Dauphin-Étranger, Aquitaine, Condé, Bourbon, Clermont-Prince, Conti, Penthièvre, d'Archiac, Poly, Dessalles, Clermont-Tonnerre, Chabrillant, Egmont, Beauvilliers, Grammont, Bourbon-Busset, La Viefville, Maugiron, Saint-Jal, Fumel, de Vienne, Crussol, Fleury, Lenoncourt, Dampierre, Saluces, d'Escars, Montcalm et Bezons.		
Cavalerie étrangère. — 3 régiments allemands : Royal-Allemand, Nassau, Wurtemberg, et 1 régiment irlandais, Fitz-James, tous à 2 escadrons de 4 compagnies de 40 maîtres.	8	1 280
Total pour la cavalerie . . .	129	20 640

Dragons

16 régiments de 4 escadrons chacun. L'escadron est composé de 4 compagnies de 40 hommes, ce qui donne 640 hommes par régiment	64	10 240

Les régiments de dragons sont : Colonel-Général, Mestre-de-Camp-Général, Royal, du Roi, la Reine, Dauphin, Orléans, Bauffremont, d'Aubigné, Caraman, La Ferronaye, Harcourt, Apchon, Thianges, Marbeuf et Languedoc.

Hussards

3 régiments, Berchény, Turpin et Pollereczki. Chaque régiment est de 600 hommes répartis en 4 escadrons. L'escadron comprend 2 compagnies de 75 hommes . .	12	1 800

Troupes légères dans la composition desquelles entrent des cavaliers ou des dragons

Volontaires de Nassau, 2 escadrons de 150 hommes. . .	2	300
— Liégeois, 2 escadrons de 150 hommes . . .	2	300
— de Flandre (non compris les troupes à pied).	»	240
— Royaux (non compris les troupes à pied) . .	»	360
— du Dauphiné (non compris les troupes à pied)	»	20
Chasseurs de Fischer (non compris les troupes à pied) .	»	300
Régiment étranger de Beyerlé (non compris les troupes à pied)	»	40

	ESCADRONS	NOMBRE d'hommes
Volontaires de Schomberg, 6 brigades de 60 hommes chacune	»	360
Compagnie des fusiliers-guides (non compris les troupes à pied)	»	12
TOTAL des troupes légères à cheval	4	1 932

Récapitulation

Maison du roi	13	2 030
Gendarmerie	8	1 200
Cavalerie	129	20 640
Dragons	64	10 240
Hussards	12	1 800
Troupes légères	4	1 932
TOTAL général	230	37 842

Au début de la campagne de 1757, la France disposait donc de 230 escadrons, comprenant 37 842 cavaliers.

V

LA CAVALERIE FRANÇAISE PENDANT LA GUERRE DE SEPT ANS

Dès la première campagne, celle du maréchal d'Estrées dans le Hanovre, en 1757, les inconvénients de la faiblesse de nos régiments de cavalerie (320 hommes en 2 escadrons de 160) se firent vivement sentir. Souvent « une seule compagnie fournissait le même jour 3 hommes pour la garde aux étendards, 4 et 5 pour le piquet, 1 pour la garde du brigadier ou pour les ordonnances, 1 pour la garde à la prévôté, 6 pour la garde ordinaire, 6 pour la garde d'honneur, 6 enfin pour un détachement. Tous ces différents services, qui employaient plus de la moitié des cavaliers d'une compagnie, avaient chacun un tour particulier et étaient commandés par régiment.

« M. le maréchal d'Estrées, sur les représentations que les officiers de son état-major général eurent l'honneur de lui faire, ordonna que les gardes ordinaires ne seraient composées à l'avenir que de 32 maîtres et que, sans avoir égard à l'instruction de 1755, on ne ferait plus qu'un tour de toutes les espèces de service de guerre ([1]). » Ces mesures ne purent qu'atténuer un vice d'organisation dont notre cavalerie souffrit pendant presque toute cette guerre. Au moindre accident, combat, morve, maladies, les généraux seront forcés de réduire certains régiments à un seul escadron et même de renvoyer en France ou sur leur ligne de communications les régiments trop affaiblis pour participer au service de l'armée.

---

1. *Mémoire d'observations sur la nouvelle composition (de la cavalerie)*, par M. le marquis de Saint-Sauveur, 1764 (carton Cavalerie, organisation, I).

Bataille d'Hastenbeck (26 juillet 1757). — La cavalerie n'y prit aucune part : la nature montagneuse et boisée du terrain réduisit l'engagement à un combat d'infanterie et d'artillerie.

Rosbach (5 novembre 1757). — Il n'en fut pas de même à Rosbach.

L'armée commandée par le prince de Soubise comprenait, le jour de la bataille du 5 novembre 1757, les troupes suivantes :

INFANTERIE

Brigades	Régiments	Bat.
Piémont	Piémont	4
La Marine	La Marine	4
Mailly	Mailly	4
Poitou	Poitou	2
	Provence	2
Touraine	Touraine	2
	Condé	2
St-Chamont	Saint-Chamont	2
	Brissac	2
Rohan	Rohan	2
	Beauvoisis	2
Royal-Roussillon	Royal-Roussillon	1
	Royal-Deux-Ponts	3
Reding	Reding	2
	Planta	2
Castelas	Castelas	2
	Salis	2
Wittmer	Wittmer	2
	Diesbach	2
La Marck	La Marck	2
	Royal-Pologne	1
	Saint-Germain	1
		48
	Royal-Lorraine	1 à Freybourg,
	Royal-Barrois	1 à l'artillerie.

CAVALERIE

Brigades	Régiments	Esc.
La Reine	La Reine	2
	Fitz-James	2
	Bourbon-Busset	2
Condé	Condé	2
	Bezons	2
	Saint-Jal	2
Bourbon	Bourbon	2
	Raugrave	2
	Beauvilliers	2
Penthièvre	Penthièvre	2
	Saluces	2
	Lameth	2
Poly	Poly	2
	Montcalm	2
	Grammont	2
Lusignan	Lusignan	2
	D'Escars	2
		34
Les dragons		4
Les hussards de l'impératrice		6
Les Volontaires de Nassau		2
		46

La réserve était composée des brigades :

De Poitou, De Rohan.
De Penthièvre, De Lusignan.

Le corps détaché de M. le comte de Saint-Germain :

De la Marine, De Touraine.
De Condé, De Poly.

La relation ci-dessous, écrite quelques jours après le combat, donne une idée très exacte du rôle qu'y prend la cavalerie française.

M. DE CASTRIES ([1]) A M. DE PAULMY

A Northausen, le 9 novembre 1757.

Malgré les détails que M. le prince de Soubise a pu vous faire, Monsieur, de l'action qui s'est passée le 5 novembre, je crois devoir avoir l'honneur de vous rendre compte plus particulièrement de la manière dont la cavalerie que j'ai l'honneur de commander s'est conduite dans cette journée. Voici quel était son ordre de bataille :

Les deux ailes droites des première et seconde lignes étaient formées par la cavalerie autrichienne et impériale ; les régiments de Penthièvre, de Saluces, de Lameth, de Lusignan et de d'Escars formaient la réserve et étaient en interligne dans le centre.

Les régiments de la Reine, de Bourbon-Busset, de Fitz-James, de Bourbon, de Beauvilliers et de Raugrave formaient la gauche de la première ligne.

Ceux de Condé, de Bezons, de Saint-Jal, de Poly, de Grammont et de Montcalm, qui devaient former la gauche de la seconde, avaient été détachés le matin sous les ordres de M. de Saint-Germain pour masquer le front du camp du roi de Prusse, pendant que l'armée le tournait par la droite. Nous marchions comme nous étions campés, et par cette disposition M. le duc de Saxe ([2]) se trouvait avec les Impériaux à la tête des deux colonnes. Leur direction fut prise dans un point sur la croupe de la montagne que le roi de Prusse prévint par un mouvement très vif qu'il fit faire à sa cavalerie, en la portant tout entière à sa gauche, et par lequel il déborda entièrement notre droite. M. le duc de Saxe ne changea rien, malgré cela, à sa disposition. Pour la rectifier, M. le prince de Soubise, jugeant que les efforts des Prussiens allaient se faire dans cette partie, ordonna aux dix escadrons de la réserve d'aller renforcer les deux ailes de cavalerie autrichienne qui y étaient. M. de Broglie, qui la commandait, avait prévenu ses ordres et s'y était porté. Nous n'eûmes que le temps de la mettre en bataille pour fermer l'intervalle et couper la plaine depuis la droite des Impériaux jusqu'au village de Reichertswerben. A peine étions-nous formés que toute la

1. De par sa charge de commissaire général de la cavalerie, M. de Castries commandait les troupes de cette arme à l'armée de Soubise. Par son expérience et ses conseils éclairés, M. de Castries devait, comme nous le verrons dans la suite de cette étude, contribuer puissamment aux progrès de notre cavalerie.

2. Le duc de Saxe-Hildburghausen, commandant les troupes de l'Empire auxquelles était adjointe l'armée de Soubise.

cavalerie prussienne arriva sur nous en muraille, d'une vitesse incroyable. Elle attaqua avec sa droite la cavalerie autrichienne qui était en colonne et qui n'eut que le temps de mettre trois ou quatre escadrons en bataille, et sa gauche vint nous charger.

Cette charge a été vigoureuse de part et d'autre : les escadrons ont été mêlés pendant un temps considérable. Ils n'ont cédé qu'à la grande supériorité et n'ont été pliés qu'après avoir été enveloppés.

Ceux de nos escadrons qui avaient repoussé les escadrons ennemis ont été ramenés par la seconde ligne, et comme huit escadrons de la gauche, que M. le prince de Soubise avait envoyé chercher, n'étaient pas encore arrivés, nous fûmes forcés d'aller nous rallier à quelque distance. Ces huit escadrons étaient les régiments de Bourbon, Beauvilliers, Raugrave et Fitz-James. Ils fournirent une charge vigoureuse, renversèrent ce qui était devant eux, mais ils furent obligés de se retirer lorsque la seconde ligne des ennemis s'ébranla.

Le combat s'était engagé alors à l'infanterie qui avait plié. Les régiments de la Reine, de Bourbon-Busset, qu'on avait laissés pour couvrir son flanc gauche, ne l'ont point abandonnée et ont souffert horriblement du canon.

Les régiments de Condé, de Poly, de Grammont, de Saint-Jal, de Bezons et de Montcalm, qui étaient restés avec M. de Saint-Germain, arrivèrent un peu avant la fin de la bataille et protégèrent par leur contenance, malgré le feu de l'artillerie ennemie, la retraite de l'infanterie dont ils firent l'arrière-garde. Voilà, Monsieur, en général les différentes circonstances du combat de la cavalerie. Vous pouvez juger par les détails que je viens d'avoir l'honneur de vous en faire que, si elle a été battue, elle ne l'a été que par la grande supériorité de l'ennemi, que nos efforts n'ont pu être que successifs par la vivacité des mouvements de la cavalerie prussienne et que, si ces différentes charges n'avaient pas été faites à mesure qu'on a pu mettre quelques escadrons en bataille et n'avaient point été aussi vigoureuses, la cavalerie autrichienne et toute notre infanterie auraient été enveloppées et perdues. On n'a donc pu que diminuer les inconvénients de la fausse direction des deux colonnes que M. de Saxe conduisait, mais on n'a pas pu parer à tous ceux qu'elle entraînait. Ce dont je peux avoir l'honneur de vous assurer, c'est que nous battrons la cavalerie prussienne lorsque la partie ne sera pas aussi inégale, et qu'il ne reste aucune crainte dans l'esprit de notre cavalerie de l'avantage que la prussienne a eu sur elle.

M. le duc de Saxe ajouta encore, au désavantage du nombre, l'ordre de former nos lignes tant pleines que vides qui est l'ordre le plus faible qu'on puisse avoir. L'état que j'ai l'honneur de vous adresser des officiers de la cavalerie tant tués, blessés que perdus, vous prouvera qu'il y a peu d'exemples d'un combat aussi vif : je ne peux vous répondre qu'il soit très juste : vous pouvez seulement compter que, dans la vérification, la perte diminuera plutôt qu'elle n'augmentera. Dans quelques jours je pourrai vous en adresser un autre de la perte qui a été faite en hommes et en chevaux. L'éloignement où je suis de la plus grande partie de la cavalerie pourra le retarder, mais il n'en sera que plus juste.

M. le prince de Soubise l'a fait retirer par Mulhausen : les régiments de Poly, Grammont et Montcalm sont les seuls qui soient venus avec l'infanterie. MM. les commandants de corps ont fait humainement ce qu'il était en eux dans cette journée et ne désirent qu'une occasion de prendre leur revanche.

M. de Caulaincourt s'est distingué et a toujours été occupé à rallier la cavalerie et à la ramener au combat. Nous avons perdu M. de Durfort, et c'est une des plus grandes pertes que nous puissions faire. M. de Pressac a eu un ou deux chevaux tués sous lui.

Le régiment de Raugrave qui est de la brigade de Bourbon a chargé avec elle, et s'est fort distingué : quoique monté désavantageusement, il a plié ce qui était devant lui, et j'ose vous assurer qu'il mérite la grâce qu'il vous a demandée de changer son état, et d'être regardé comme régiment de cavalerie. Lui accorder cette grâce dans ce moment-ci serait une marque bien flatteuse, et ne peut que donner une émulation utile au service du roi.

J'ai l'honneur d'être... etc...

Castries.

A la suite de cette malheureuse affaire, diverses remarques, dignes d'intérêt, furent faites par des généraux français.

Dans un important mémoire [1], le marquis de Castries se plaignit de la mauvaise qualité des armes blanches en usage, « qui nous a fait combattre les Prussiens avec des armes très inégales : ils ont même dit à nos prisonniers, en parlant avec éloges des charges de la cavalerie, que nous n'étions pas armés, et en effet la plupart des blessures qu'ils ont reçues même ont été très légères et nos lames se sont cassées en grande partie ; elles sont si courtes que dans le choc nous étions sabrés sans que nous puissions les atteindre.

« Il serait donc question de donner à la cavalerie des lames d'une meilleure trempe et de les allonger au moins de 8 pouces

1. *Observations sur différentes parties concernant la cavalerie*, par le marquis de Castries (Archives de la guerre, Cavalerie, organisation, I).

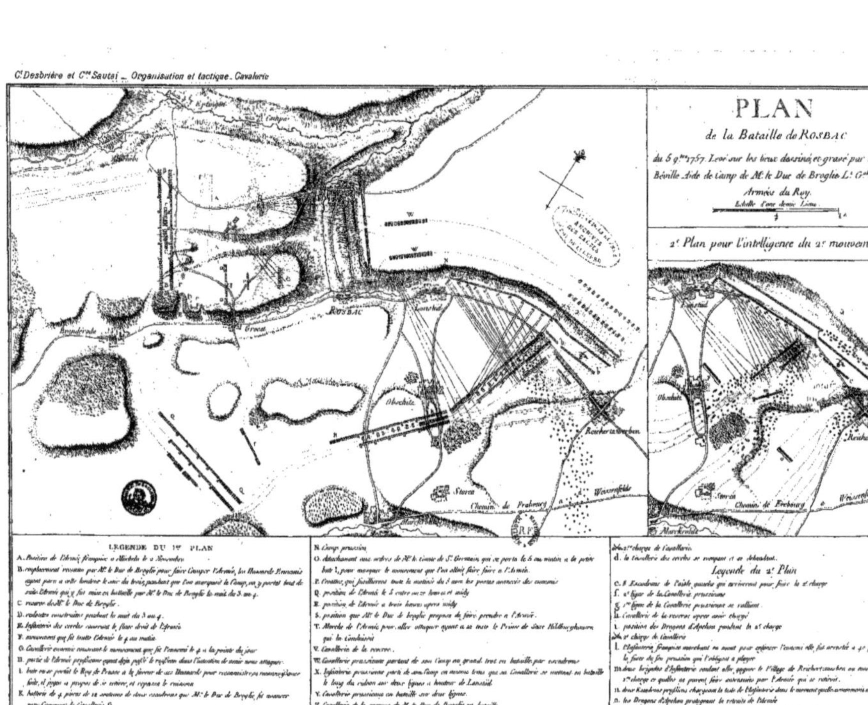
PLAN
de la Bataille de ROSBAC
du 5 9bre 1757. Levé sur les lieux dessiné et gravé par le Sr Béville Aide de Camp de Mr le Duc de Broglie Lt Gal des Armées du Roy.
2e Plan pour l'intelligence du 2e mouvement
ROSBAC
Grost
Oberhitz
Storca
Chemin de Frebourg
Weissenfeld
Reichertzwerben
LEGENDE DU 1er PLAN
Legende du 2e Plan

en augmentant leur largeur en proportion ; il faudrait aussi qu'elles fussent en pointe afin que le cavalier pût se servir de l'estoc comme de la taille, d'autant que de pointer est la manière la plus avantageuse de combattre en arrivant sur l'escadron ennemi et par laquelle on atteint de plus loin : la poignée de nos sabres ne couvre pas assez la main, il en faudrait de pareilles à celles que M. du Pille, lieutenant-colonel de Dampierre, a données au ministre pour modèle et ordonner que les officiers en eussent de même, les sabres indiqués par la Cour pour leur armement n'étant que de grosses épées de cuivre courtes, et dont la poignée n'est pas couverte. »

D'autre part, l'ordre de bataille plaçant les officiers hors du rang avait provoqué de fortes critiques.

« Voici, disait de Castries, les inconvénients de l'ordre actuel ; cinq ou six officiers plus ou moins sont, à quelque distance les uns des autres, répartis sur le front de 48 hommes : leurs chevaux ne sont soutenus de droite ni de gauche, la charge se fait et ils reçoivent à eux six le choc d'un front d'escadron dont la forme vive et serrée, faisant une pression égale sur toute la superficie de nos escadrons, oblige nécessairement à tourner ces cinq à six chevaux qui y sont saillants et éparpillés. On peut juger, d'après cette première manœuvre, s'il est possible aux cavaliers qui sont derrière de percer et renverser la troupe qui leur est opposée. Cela est impossible, ils plient ; les officiers qui ont chargé au premier rang en allant à l'ennemi se trouvent au dernier en se retirant ; ils sont tous mis bas ; l'escadron n'a personne devant lui pour l'arrêter ; il ne se rallie plus, faute d'officiers ; il s'éparpille et il n'en est plus question, non seulement de toute la journée, mais, une partie de ces officiers devant naturellement être pris dans la position où ils se trouvent dans la retraite, le régiment, quoique en bon état encore, ne peut plus servir de toute la campagne et peut-être de toute la guerre. On peut ajouter à cet inconvénient celui de ne pouvoir bien faire manœuvrer des escadrons lorsque les fronts en sont masqués par cinq ou six personnes [1]. »

1. *Observations sur différentes parties concernant la cavalerie*, par le marquis DE CASTRIES (Archives de la guerre, Cavalerie, organisation, I).

La même opinion, qui nous paraît singulière aujourd'hui, était soutenue par M. de Caulaincourt [1].

« Si vous permettez aussi de dire mon avis sur les remarques que notre combat de cavalerie, l'un des plus vigoureux qui se soit passé depuis bien longtemps, m'a donné occasion de faire, mon opinion est qu'il serait indispensable que les officiers fussent dans le rang et que les capitaines des compagnies qui ferment l'escadron fussent aux deux ailes, aussi dans le même rang que les cavaliers, pour pouvoir faire marcher les droites et les gauches, lorsque le commandant l'ordonne. Je crois qu'il me serait aisé d'appuyer mon opinion par des raisons bien solides, tirées de ce que j'ai vu à cette dernière bataille, si vous me l'ordonniez. »

La raison de ces propositions paraît être les pertes très fortes en officiers qu'avait subies la cavalerie française [2]. Dans une des brigades, Penthièvre, « des six commandants d'escadrons, M. de Lameth est le seul qui soit revenu » [3].

L'affaire avait d'ailleurs été des plus chaudes, et la cavalerie avait assurément montré une vigueur et une énergie qui méritent bien peu les souvenirs peu flatteurs que la légende a attachés à cette journée malheureuse.

---

1. Lettre à M. de Paulmy (vol. 3443, p. 139).

2. *Etat de MM. les officiers de cavalerie tués, perdus ou blessés, dans la journée du 5 novembre 1757*

BRIGADES	RÉGIMENTS	
La Reine	La Reine	4
	Bourbon-Busset	11
	Fitz-James. (Il manque deux étendards et les timbales.)	8
Condé	Condé	»
	Bezons	2
	Saint-Jal	
Bourbon	Bourbon	3
	Raugrave	1
	Beauvilliers	4
Penthièvre	Penthièvre. (Il manque un étendard.)	15
	Saluces. (Il manque un étendard.)	16
	Lameth. (Il manque un étendard.)	14
Poly	Poly	»
	Montcalm	»
	Grammont	1
Lusignan	Lusignan	4
	D'Escars (Il manque un étendard.)	10
M. de Wurmser, lieutenant-colonel des Volontaires de Nassau, blessé d'un coup de pistolet		1
	TOTAL	94

Je n'ai pas encore pu avoir l'état des officiers des dragons d'Apchon.

3. Lettre du duc de Broglie à M. de Paulmy (vol. 3443, p. 135).

« Je me bornerai, pouvait dire le duc de Broglie, à rendre, auprès de vous, la justice qu'elle mérite à la cavalerie, à la tête de laquelle j'ai chargé ; quoique infiniment inférieure en nombre, elle s'est mêlée à la cavalerie prussienne et l'a battue à la première charge ; après une résistance dont il y a, je crois, peu d'exemples, elle a cédé enfin à la force, après avoir été réduite à moins de moitié, et je crois être sûr qu'à nombre à peu près pareil elle battra toujours la cavalerie prussienne qui lui cède sûrement en courage, mais qui lui est supérieure pour l'ordre et la façon de manœuvrer [1]. »

Il n'est peut-être pas inutile de faire remarquer que, contrairement à une opinion courante et déjà répandue en 1757, les deux cavaleries s'étaient bel et bien abordées et en étaient venues au choc et à la mêlée, alors qu'une école voudrait faire croire qu'un tel cas est exceptionnel et qu'en général l'une des deux fait demi-tour avant l'abordage.

« J'ai longtemps ouï dire aux anciens officiers, disait à ce sujet M. de Caulaincourt [2], qu'il y avait eu dans la grande guerre du commencement du siècle peu d'exemples de combats de cavalerie où les escadrons eussent croisé le sabre, et je n'en ai vu qu'un exemple à Dettingen. Dans ce cas, il est vrai qu'il est égal que les officiers soient dans le rang ou dehors, mais il me semble que l'usage des escadrons ennemis auxquels nous avons actuellement

1. Pertes subies par la cavalerie. — Lettre de M. de Caulaincourt, maréchal général des logis de la cavalerie, à M. de Paulmy, datée de Duderstadt, le 18 novembre 1757. (Vol. 3444.)

	CAVALIERS tués ou pris	CAVALIERS blessés	CHEVAUX tués ou pris	CHEVAUX blessés
Régiment de la Reine. .	20	3	19	7
Penthièvre	57	25	67	12
Bourbon-Prince.	90	3	98	3
Fitz-James	119	20	144	12
Saluces.	87	20	92	26
D'Escars	120	22	121	40
Raugrave.	77	19	85	22
Lusignan.	48	71	59	30
Saint-Jal	8	4	20	3
Bourbon-Busset.	11	13	28	18
Lameth.	62	59	98	5
Bezons	8	9	22	4
Condé	3	2	8	»
Beauvilliers	75	»	97	»
Poly	15	»	16	3
Grammont	4	1	8	»
Montcalm.	19	1	31	»
TOTAUX.	823	272	1 013	185

2. Lettre à M. de Paulmy, du 7 décembre 1757 (vol. 3445, p. 32).

affaire n'est pas de tourner le dos lorsqu'on marche à eux de quinze ou vingt pas, comme j'ai souvent ouï assurer que cela s'était passé dans la plupart des combats de cavalerie, et ce ne sera sûrement pas le nôtre. Par conséquent, je ne crois pas que ce qui s'est passé dans les guerres précédentes doive servir de règle pour le moment présent. »

Si le combat avait été soutenu avec énergie, la retraite avait été désastreuse et le ralliement impossible. De Castries[1] faisait remarquer à ce sujet que « l'uniformité qu'on a mise dans l'habillement du cavalier et dans l'équipement des chevaux ôte tout moyen de ralliement après une charge ; il n'y a de différence dans l'habillement que dans les moulures des boutons, qu'on distingue difficilement dans le cours d'une campagne, et que des têtes échauffées le jour d'une bataille ne peuvent démêler ». Il demandait en conséquence que tout au moins les housses des chevaux fussent de couleur différente suivant les corps. Enfin, on se plaignit à juste titre du poids écrasant porté par les chevaux. Bien peu devait être fait dans ce sens puisque en 1778 encore il résultait d'expériences faites par M. de la Porterie que la charge atteignait le poids invraisemblable de 350 livres.

Bataille de Minden (1er août 1759). — Un autre exemple de la guerre de Sept ans, la bataille de Minden, permettra de juger ce qu'était alors la cavalerie française en matière de tactique.

« A la bataille de Minden, la cavalerie française, au nombre de soixante-dix escadrons, occupait la plaine. La droite était appuyée à la brigade de Rouergue ; la gauche dans le même alignement formait une espèce de crochet en avant de la droite de la gauche de l'infanterie. Dans le moment que l'infanterie anglaise sortait du bois sur six colonnes pour se former, l'officier général qui commandait la cavalerie fit replier la gauche pour faire face à cette infanterie. Une de nos batteries de huit pièces de canon placée à la gauche de la cavalerie foudroyait leur droite et leur tuait beaucoup de monde, ce qui détermina le prince Ferdi-

1. *Loc. cit.*

nand de les faire marcher au pas redoublé pour attaquer notre cavalerie.

« Ce corps composé d'environ 8 000 hommes, sans nul intervalle, était sur six de hauteur, leur droite et leur gauche sans nul appui (1). »

Ainsi la cavalerie se laisse attaquer par l'infanterie et l'attend de pied ferme. Elle ne se décide à charger « qu'à la dernière extrémité ; les deux brigades de la gauche embrassèrent presque tout le front qui se présentait, et je peux avoir l'honneur de vous assurer, pour l'avoir fait, que la plus grande partie des escadrons a été engagée dans les baïonnettes avant de se replier ; la seconde ligne fournit une seconde charge, et la réserve, composée des carabiniers et de la gendarmerie formant dix-huit escadrons, une troisième dont la perte prouvera qu'elle s'est mise en mesure de rompre la ligne anglaise et hanovrienne qui marchait sur notre centre et qui a gagné la bataille... (2) »

Les Anglais firent une décharge à bout portant, et « quoiqu'ils ne fussent que 8 000 [ils tirèrent] 64 000 balles, chaque cartouche en contenant huit », puis ils se portèrent en avant et « culbutèrent successivement nos deux lignes et ensuite la réserve ».

A cela pourtant ne se borna pas le combat : une partie de la cavalerie put exécuter une véritable charge, mais on va voir comment, d'après un témoin oculaire, Mottin de la Balme, elle fut exécutée (3).

« A ce sujet, je vais rapporter ici ce que j'ai vu très distinctement dans une action où je me suis trouvé à la dernière guerre, et qui concourt encore à prouver combien les charges en muraille sont désavantageuses, les feux peu dangereux et les chevaux difficiles à contenir. A la bataille donnée à Minden entre l'armée des alliés aux ordres de Son Altesse Sérénissime le prince Ferdinand de Brunswick, général qui pendant la guerre de Hanovre a montré une capacité et des talents supérieurs, et l'armée française commandée par le maréchal de Contades, un corps anglais, ayant

1. Mémoire sans nom d'auteur, de décembre 1757 (vol. 3446).

2. Lettre de de Castries, du 11 août 1759 (vol. 3520).

3. Tiré de l'ouvrage de MOTTIN DE LA BALME paru en 1776 (*Éléments de tactique pour la cavalerie*).

dispersé la ligne de cavalerie, qu'ils avaient en face d'eux, par plusieurs décharges faites à propos, le corps de la gendarmerie et celui des carabiniers reçurent ordre de charger. Ils partirent d'assez loin au galop et en muraille. D'abord le centre fut très comprimé par leur jonction, en gagnant en avant ; puis ce furent les ailes, particulièrement l'aile droite. Le feu de cette infanterie commença au centre de leur phalange, et, lorsque nous n'en étions distants que d'environ quinze pas : comme ce feu était progressif, partant du point central, et s'étendant jusqu'aux ailes, les chevaux firent des efforts prodigieux pour se jeter de droite et de gauche, et s'esquiver. Le poids, occasionné par une puissante compression, devenant énorme, les hommes maîtrisés par leurs chevaux se précipitèrent les uns sur les autres et s'entassèrent en si grande quantité qu'il n'en resta à cheval au plus que huit à dix par escadron, qui furent emportés dans un clin d'œil très loin de là ; quelques-uns passèrent à travers la phalange, et ne purent la désordonner, étant trop peu pour cela. Le feu tua peu de monde, mais il y eut beaucoup de contusions, beaucoup de membres disloqués et cassés ; plusieurs furent désarçonnés, étouffés ou foulés aux pieds des chevaux. Si les escadrons avaient chargé à demi-intervalles, les choses ne se seraient pas passées de même ; la compression aurait été infiniment moindre, et il y aurait eu beaucoup de célérité ; les chevaux, étendus sur une ligne droite par un galop forcé, n'auraient pas pu se jeter, malgré les cavaliers, à droite et à gauche ; et l'infanterie anglaise aurait été pulvérisée, comme elle le fut à Fontenoy, où (pour le dire en passant) l'on ne la chargea pas de meilleure grâce. Or, si l'on eût fait ce que je viens de dire, nos affaires auraient bien changé de face à la fatale journée de Minden. »

Cette question de l'ordre strictement en muraille ou avec des intervalles se retrouve constamment par la suite. Il n'est pas indifférent de signaler dès maintenant que, si Frédéric II marqua toujours une prédilection décidée pour le premier de ces procédés, Seydlitz y fut toujours absolument opposé. Son biographe et compagnon d'armes, Bismark [1], attribue même à l'ab-

1. *La Cavalerie prussienne sous le grand Frédéric.*

sence d'intervalles plusieurs des échecs que subit la cavalerie prussienne.

Pour en revenir à la cavalerie française et à son rôle à la bataille de Minden, rien n'est plus caractéristique de sa lourdeur et de son incapacité manœuvrière à cette époque que les singuliers épisodes qui viennent d'être rapportés.

Une des raisons de cette incapacité était sans doute l'organisation défectueuse du commandement. La division en lignes et ailes était souverainement impropre à toute manœuvre et ce défaut s'aggravait en outre de ce que les généraux n'étaient pas attachés à une troupe particulière et prenaient leurs commandements temporaires au hasard des tours de service.

« Une telle confusion, disait justement M. de Surlaville (1), tient un peu des barbares...

« Aujourd'hui, aucun n'a de division fixe à laquelle il veille ni s'intéresse, le moindre petit changement le faisant passer à tout moment d'un bout de la ligne à l'autre et même de la cavalerie à l'infanterie. Les troupes sont sans chef principal et ne rendent compte à personne ; enfin il est absurde de voir souvent deux maréchaux de camp attachés à une brigade dont un brigadier doit être le commandant-né. »

Ce fut au cours même des opérations qu'un ordre, émanant du maréchal de Broglie, remédia à ce défaut organique et institua, pour la première fois peut-être, les divisions de même arme.

ORDRE GÉNÉRAL POUR DIVISER ET FAIRE SERVIR L'ARMÉE PENDANT LA CAMPAGNE PROCHAINE (2)

Les deux lignes d'infanterie de l'armée seront divisées pendant toute la campagne en quatre divisions. Chaque division sera composée du quart des brigades de première et seconde ligne, et elles seront nommées une fois à l'ordre au commencement de la campagne, et cela ne changera plus ensuite.

Chaque aile de cavalerie ne formera qu'une division : chaque division sera commandée par un lieutenant-général qui sera de même

1. Aide-major général de l'armée de Westphalie (mémoire, vol. 3462).
2. Avril 1759 (vol. 3514).

nommé pour toute la campagne ; il aura sous lui d'autres officiers généraux, et, en cas que le lieutenant-général commandant la division fût absent, l'officier général de la division le plus ancien la commandera sans que ceux de la division la plus prochaine puissent en aller prendre le commandement, à moins d'un ordre exprès du général.

Le lieutenant-général commandant la division sera chargé de tous les détails qui la concernent, discipline, police, marches, communications, gardes et fourrages : ce sera à lui que les brigadiers et colonels rendront compte de tout, et par lui que tous les ordres leur parviendront.....

L'armée marchera ordinairement sur six colonnes : chaque aile de cavalerie et chaque division d'infanterie formera la sienne, la plus ancienne brigade en ayant la tête, suivie des autres de première ligne, et ensuite ceux (*sic*) de seconde dans le même ordre que ceux de première.

La division de la droite de l'infanterie sera nommée première division et celles qui la suivront, seconde, troisième, quatrième, en sorte que celle qui fermera la gauche sera la quatrième.

La cavalerie sera divisée par aile droite et par aile gauche. Lorsque l'armée marchera sur quatre colonnes, la première ligne de chaque aile droite de cavalerie marchera avec la première division d'infanterie et la seconde ligne avec la seconde division.

La première ligne de l'aile gauche de cavalerie marchera avec la quatrième division, et la seconde avec la troisième.

La nature du pays réglera si la cavalerie devra avoir la tête ou la queue des colonnes d'infanterie : on en avertira dans l'ordre.

Les deux brigades d'infanterie destinées à couvrir les flancs de la cavalerie marcheront à la tête ou à la queue de la cavalerie, suivant la nature du pays. On en avertira dans l'ordre : elles seront aux ordres de l'officier général commandant l'aile de la cavalerie à laquelle elles seront attachées.

Il y aura, à la suite de chaque division d'infanterie, une division d'artillerie qui marchera toujours à la suite des troupes.

Ainsi l'ordre de marche sera toujours les troupes, l'artillerie, les menus équipages et les gros équipages.

Le gros parc d'artillerie marchera toujours par la colonne qui sera la meilleure et après les menus et gros équipages de cette colonne.....

Une fois pour toutes, dès que les officiers généraux commandant les colonnes auront été avertis qu'ils sont proches des ennemis, ils observeront et feront observer ce qui suit :

1° Ils formeront au moins deux colonnes de celles qu'ils conduiront et même davantage si cela est possible, les composant chacune moitié des troupes de la première ligne, et moitié de la seconde ;

2° Ils feront toujours garder d'une colonne à l'autre les distances nécessaires pour se mettre en bataille tout d'un coup et toutes les colonnes à la fois. Pour cela ils chargeront un officier major intelligent de marcher entre les deux colonnes pour les avertir si elles se serraient ou s'ouvraient trop ;

3° Dès qu'on approchera du terrain où l'on voudra se former, ou que par l'approche de l'ennemi on sera obligé à le faire, les bataillons et escadrons se serreront les uns aux autres, ne gardant que douze pas de distance ; les officiers mettront pied à terre, et au premier commandement les colonnes se mettront en bataille par un à droite ou un à gauche ;

4° En même temps que la première ligne se mettra en bataille, la seconde ligne et les réserves s'y mettront aussi, gardant trois cent pas de distance d'une ligne à l'autre, ou les prenant en marchant en avant après que les lignes seront formées. Tous ces mouvements se feront aussi vite qu'il sera possible et au pas redoublé.

La cavalerie exécutera la même chose en même temps et les brigades d'infanterie, destinées à couvrir son flanc, se tiendront en colonne entre les deux premières lignes d'infanterie, à la hauteur du premier bataillon qui les fermera et appuyera à la cavalerie.

En pleine campagne donc, et sous la poussée des événements, l'armée française entrait dans la voie des réformes. Les précieux enseignements de la guerre de Sept ans allaient servir de base au remarquable mouvement d'idées qui marqua la période suivante.

VI

LES RÉFORMES DE CHOISEUL

Au cours même de la guerre, l'organisation de la cavalerie avait subi une série de transformations importantes.

Ce sont d'abord les hussards, troupe moins dispendieuse que les autres, dont les compagnies atteignent le chiffre de 75 et ne sont plus groupées que par deux pour former des escadrons[1]. La même organisation est donnée, le 18 novembre 1756 au régiment de volontaires allemands levés par le prince de Nassau-Saarbrück. Le 5 janvier 1757, les compagnies de dragons déjà portées à 40 cavaliers reçoivent un troisième officier, le cornette, dont le titre sera plus tard transformé en celui de sous-lieutenant[2]. Dès 1758[3] et à l'occasion de la levée des dragons garde-côtes de la province de Guyenne, l'organisation tend à se rapprocher de celle des hussards : les compagnies fortes de 50 chevaux ne sont plus groupées que par deux pour former des escadrons. Puis, le 1er décembre 1761, 27 régiments de cavalerie sont portés à 4 escadrons par la dissolution d'un même nombre de régiments, dont les hommes sont versés dans les vingt-sept maintenus. Cette mesure, prise pour remédier à la faiblesse des effectifs, dont tous les généraux s'étaient plaints, permit de terminer la guerre dans des conditions bien supérieures à celles qui avaient marqué son

---

1. Ordonnance du 30 octobre 1756.

2. La création du cornette fut généralisée dans la cavalerie par ordonnance du même jour.

3. Ordonnance du 21 octobre 1758.

début. De nombreux témoignages, en effet, montrent les progrès qui avaient été réalisés au cours des hostilités. A la fin de la guerre de Sept ans, l'armée française en général avait réalisé des progrès incontestables, et, s'ils étaient moins marqués dans la cavalerie qu'ailleurs, cette arme n'en avait pas moins considérablement gagné comme cohésion, discipline et connaissance du métier militaire.

Les compagnies de cavalerie ont toutes été portées à 40 maîtres montés, à partir du 1er décembre 1755. Toutefois, par mesure d'économie, une ordonnance du 1er décembre 1761 a prescrit que les compagnies des régiments qui ne sont pas employés aux armées n'auront que 20 chevaux pour 40 cavaliers. Cette organisation à quatre compagnies subsiste pendant toute la guerre. Ce ne sera que le 21 décembre 1762 que les 30 régiments de cavalerie et les 17 régiments de dragons conservés prendront une organisation uniforme et formeront 4 escadrons à 2 compagnies seulement, de 54 hommes montés dans la cavalerie, et de 46 hommes, dont 30 montés et 16 à pied, dans les dragons.

Les hussards, dont 3 régiments seulement subsistent, sont à 3 escadrons sur le pied de paix, 6 sur le pied de guerre; les 2 compagnies qui composent l'escadron n'auront que 3 officiers et 29 hommes chacune. La création d'un quatrième régiment, Esterhazy, le 10 février 1764, réduisit les quatre existants à la composition uniforme de 8 compagnies et 4 escadrons.

Cette date du 21 décembre 1762 marque donc une modification importante dans l'organisation des troupes à cheval, puisque l'escadron est uniformément constitué à deux compagnies. On a cru atteindre la limite du possible en confiant 40, puis 54 cavaliers, à trois officiers. Mais le nouveau groupement va créer des escadrons organiquement faibles, tout en absorbant six ou sept officiers.

État de la cavalerie après la guerre de Sept ans. — Dès la fin de l'année 1762, la paix s'annonçant prochaine, le ministre de la guerre, M. de Choiseul, avait fait opérer dans notre cavalerie plusieurs réformes et l'avait organisée sur les bases suivantes :

Maison du roi. — Sans changement. Elle forme 13 escadrons.

Gendarmerie. — L'ordonnance du 5 juin 1763 réduit ce corps à 10 compagnies au lieu de 16.

Chaque compagnie, formant un escadron, a la composition suivante : 1 capitaine-lieutenant, 1 sous-lieutenant, 1 enseigne, 1 guidon, 3 brigadiers, 3 sous-brigadiers, 1 porte-étendard, 3 fourriers, 12 gendarmes appointés, 84 gendarmes et 3 trompettes.

Cavalerie. — Une ordonnance du 21 décembre 1762 consacre le maintien des carabiniers et des trente régiments de cavalerie qui suivent : Colonel-Général, Mestre-de-Camp-Général, Commissaire-Général, Royal, du Roi, Royal-Étranger, Cuirassiers du roi, Royal-Cravates, Royal-Roussillon, Royal-Piémont, Royal-Allemand, Royal-Pologne, Royal-Lorraine, Royal-Picardie, Royal-Champagne, Royal-Navarre, Royal-Normandie, la Reine, Dauphin, Bourgogne, Berry, Artois, Orléans, Chartres, Condé, Bourbon, Clermont, Conti, Penthièvre et Noailles.

Les carabiniers sont réduits de 40 à 30 compagnies. Trois compagnies forment un escadron. Il y a donc en tout 10 escadrons de carabiniers, groupés en 5 brigades.

La compagnie de carabiniers est composée de : 1 capitaine, 1 lieutenant, 2 sous-lieutenants, 2 maréchaux des logis, 1 fourrier, 4 brigadiers, 4 appointés, 40 carabiniers, 1 trompette, au total 52 maîtres, dont 40 montés et 12 à pied.

Chaque régiment de cavalerie est organisé à 4 escadrons de 2 compagnies de 54 hommes, tous montés. L'escadron est ainsi fort de 108 hommes.

La compagnie comprend : 1 capitaine, 1 lieutenant, 1 sous-lieutenant (remplaçant le cornette qui est supprimé), 4 maréchaux des logis, 1 fourrier, 8 brigadiers, 8 carabiniers, 32 cavaliers, 1 trompette.

Dragons. — Une ordonnance du 21 décembre 1762 garde sur pied les 17 régiments de dragons alors existants. Ce sont : Colonel-Général, Mestre-de-Camp-Général, Royal, du Roi, la Reine, Dauphin, Orléans, Bauffremont, Choiseul, d'Autichamp, Chabot, Coigny, Nicolaï, Chapt, Chabrillant, Languedoc et Schomberg.

Chaque régiment est organisé à 4 escadrons de 2 compagnies de 46 hommes, dont 30 montés et 16 à pied. L'escadron est ainsi fort de 92 hommes.

La compagnie comprend : 1 capitaine, 1 lieutenant, 1 sous-lieutenant, 4 maréchaux des logis, 1 fourrier, 8 brigadiers, 8 appointés, 24 dragons et 1 tambour.

Hussards. — Les hussards forment, par une ordonnance du 21 décembre 1762, les 3 régiments de Berchény, Chamborant et Royal-Nassau [1].

Chaque régiment est organisé, sur le pied de paix, à 3 escadrons de 4 compagnies de 29 hussards, dont 10 montés et 19 à pied. L'escadron est ainsi fort de 116 hussards.

La compagnie comprend : 1 capitaine, 1 lieutenant, 1 sous-lieutenant, 1 maréchal des logis, 1 fourrier, 2 brigadiers, 24 hussards et 1 trompette.

Troupes légères. — L'ordonnance du 1er mars 1763 ne conserve que les Volontaires de Clermont et de Soubise, et les 4 légions Royale, de Flandre, du Hainaut et de Conflans.

Chacun des régiments de volontaires est composé de 9 compagnies, dont 1 de grenadiers, 4 de fusiliers et 4 de dragons.

Chaque légion est composée de 17 compagnies dont 1 de grenadiers, 8 de fusiliers et 8 de dragons.

---

1. Une ordonnance du 10 février 1764 crée un quatrième régiment de hussards, celui d'Esterhazy. Les quatre régiments sont en même temps constitués à huit compagnies de 25 hommes.

Chaque compagnie de dragons comprend, en temps de paix : 1 capitaine, 1 lieutenant, 1 sous-lieutenant, 1 maréchal des logis, 1 fourrier, 2 brigadiers, 24 dragons, 1 tambour, au total 29 hommes, dont 15 montés et 14 à pied.

Récapitulation. — Telle qu'elle est réorganisée par Choiseul, en 1763, la cavalerie comprend 233 escadrons :

Maison du roi	13
Gendarmerie	10
Cavalerie	130
Dragons	68
Hussards	12
TOTAL	233

auxquels il faut joindre 40 compagnies de dragons de troupes légères.

La réforme administrative. — L'organisation de l'escadron à deux compagnies coïncidait avec une réforme financière capitale et qui, seule, avait rendu possible une évolution aussi importante. C'était la suppression de l'entretien de la compagnie par le capitaine propriétaire.

Les défauts de cette organisation surannée s'étaient affirmés avec une entière évidence, et des voix autorisées avaient démontré l'impossibilité de continuer un pareil système.

« Le capitaine propriétaire, dit un mémoire écrit vers 1760[1], au lieu de voir dans ses hommes des gens de guerre qu'il doit rendre tels, « n'y voit que des palefreniers, faits pour avoir uniquement le plus grand soin de ses chevaux ». Dans l'idiome des capitaines, « tourmenter, dégoûter, exercer, sont synonymes ».

« L'intérêt des capitaines se trouve toujours en opposition avec l'intérêt du roi, écrit de son cantonnement de Sousbeck le marquis d'Escouloubre, le 4 décembre 1760,... ils regardent leur

1. Cavalerie, organisation, carton III.

compagnie comme des fermiers regardent une terre,... la cavalerie est d'une profonde ignorance, parce que, par complaisance pour les capitaines, on ne l'exerce pas... On fait craindre aux plus braves gens de se trouver à une affaire où ils s'exposeraient gaiement à tous les dangers pour le service du roi et leur gloire personnelle, mais la crainte de perdre vingt chevaux et d'être ruinés les arrête... », et il propose dès cette époque d'instituer une caisse par régiment, en enlevant aux capitaines la propriété de leur compagnie et son recrutement. « Il faut, dit un autre, que le capitaine ait sa paye personnelle et absolument indépendante de sa compagnie et qu'il ne puisse rien espérer de plus en l'ayant mauvaise [1]. »

Ce fut l'honneur de Choiseul de comprendre que là résidait le vice organique de la cavalerie, et, s'il ne put aller jusqu'à l'identification complète de la compagnie et de l'escadron, la cause doit être attribuée aux résistances qu'il eut à vaincre, résistances basées non seulement sur la routine, mais sur cette considération que seul l'intérêt personnel et pécuniaire pouvait obliger les capitaines à prendre soin des effets et des chevaux de leur troupe. Enfin, et surtout peut-être, cette cause doit être attribuée à la crise en matière de personnel des officiers qui serait survenue si, la compagnie s'identifiant avec l'escadron comme en Allemagne, il avait fallu congédier la moitié des capitaines.

Néanmoins, la réforme administrative fut profonde.

Le major, investi d'un grade supérieur à celui de capitaine, aidé d'aides-majors, de sous-aides-majors, d'un trésorier et d'un quartier-maître, prend en main la police, la discipline, la tenue, les exercices, l'entretien, les réparations, les fourrages. Les recrues et les chevaux sont fournis par le roi; une masse individuelle sert à chaque homme de troupe pour l'entretien du linge et de la chaussure. L'administration paye au corps la solde, les rations de fourrages, fournit l'armement et assure l'habillement au moyen d'une masse. Plus tard, 20 mars 1764, le rôle et l'alimentation des diverses masses seront précisés. Il y en aura cinq,

1. Cavalerie, organisation, carton III.

une pour le linge et la chaussure, une pour l'entretien, une pour l'équipement et le harnachement, une pour la remonte, une pour les recrues· on en fit une spéciale pour l'entretien des cuirasses au régiment des cuirassiers.

Comme il fallait s'y attendre, ces réformes furent très mal accueillies. Non seulement les capitaines dépossédés, subordonnés au major, forcés de travailler et même « d'apprendre à monter à cheval », furent mécontents, mais les simples cavaliers, réunis en permanence dans les quartiers, au lieu des deux années sur trois qu'ils passaient auparavant dans l'oisiveté des villages, astreints à de fréquents exercices, encouragés par « le mauvais esprit des officiers et leurs plaintes séditieuses et publiques[1] », désertèrent ou refusèrent de se rengager. Malgré la prime de 120 livres, les recrues devinrent rares.

Choiseul tint bon néanmoins, et, grâce à ce grand ministre, la période comprise entre 1762 et 1769 fut, pour la cavalerie, féconde en progrès de toutes sortes.

Des témoignages formels, ceux de MM. de Vogüé ([2]), de Saint-Sauveur ([3]), de Castries ([4]), de Guibert, montrent combien les troupes gagnèrent par l'application des ordonnances de Choiseul relatives à la nouvelle organisation. « La cavalerie, écrivait le marquis de Vogüé, en 1771, n'a jamais été en meilleur état, aussi complète, plus instruite, mieux exercée, et mieux disciplinée. Elle ne ressemble en rien à ce qu'elle était autrefois... »

L'ordonnance de 1766. — Simultanément avec la grande réforme organique, l'instruction et la tactique étaient en effet envisagées à un tout autre point de vue.

Militaire de valeur, esprit distingué, M. de Choiseul avait vu de près l'armée autrichienne pendant son ambassade à Vienne

1. Mémoire de 1772 attribué à Guibert. (Cavalerie, tactique, carton V.)
2. Mémoires établis l'un vers 1764, l'autre en 1771.
3. 1er octobre 1764.
4. Août 1767.

de 1757 à 1758. Il avait pu comparer ses méthodes aux nôtres et entretenir une correspondance suivie avec deux officiers français, MM. de Montazet et de Marainville qui, accrédités auprès des généraux autrichiens durant la guerre de Sept ans, lui transmirent à maintes reprises les renseignements les plus précieux sur l'organisation et la tactique des armées de l'Impératrice et du roi de Prusse.

Il eut en outre la chance d'avoir des collaborateurs remarquables, au premier rang desquels il faut citer le marquis de Castries, mestre de camp général de la cavalerie, principal inspirateur de l'ordonnance de 1766 [1].

La question de l'équitation est vitale pour les troupes à cheval et, sur ce point, l'infériorité de la cavalerie française était manifeste. Quatre écoles furent fondées à Metz, Besançon, Douai, La Flèche (remplacée par Angers), cette dernière sous la direction de M. de Livron [2]. Les trente et un régiments de cavalerie existant en 1763 durent y envoyer des détachements [3]. Les dragons eurent

---

1. La lettre suivante que lui adressait Choiseul le 17 juin 1763 en est la preuve manifeste (vol. 3631, pièce 110, Archives de la guerre) :

A Versailles, le 17 juin 1763.

J'ai l'honneur, Monsieur, de vous envoyer le projet de la partie de l'ordonnance générale qui contient l'exercice et les manœuvres de la cavalerie. J'y joins aussi les observations qui m'ont été données par un officier général à qui je l'ai communiquée. La confiance que j'ai en vous me fait espérer que vous voudrez bien lire l'un et l'autre avec la plus sérieuse attention et employer les lumières que je vous connais sur le service de la cavalerie pour former un corps d'observations suivi sur chaque article que vous en croirez susceptible, qui puisse me mettre à portée de juger avec connaissance de cause de ce qui doit être ajouté ou retranché de ce projet, mais je ne puis m'empêcher de vous prier de me les faire passer le plus tôt qu'il vous sera possible, afin que je puisse prendre les derniers ordres du roi pour terminer cet objet.

J'ai l'honneur d'être, etc... Le duc DE CHOISEUL.

Vous me ferez le plaisir, Monsieur, de me renvoyer le projet d'ordonnance et les observations qui y sont jointes en me faisant passer les vôtres.

Une autre lettre d'un officier ayant servi dans les troupes légères, tirée du volume 3642, indique que M. de Barbançon a été également un des rédacteurs de l'ordonnance de 1766 (cette lettre est adressée à M. Dubois, chef des bureaux de la guerre).

A Langogne, le 12 novembre 1766.

...Les observations sur l'instruction de la cavalerie que j'ai remises par votre conseil à M. le marquis de Barbançon n'ont-elles pas été suivies par cet officier général presque en tout ce qui concerne les manœuvres ? Cet officier général a prouvé par là qu'il sait distinguer le bon d'avec le mauvais...

De Barbançon (Louis-Antoine du Prat de Nantouillet, marquis), lieutenant réformé au régiment du Roi le 11 février 1731, capitaine au régiment de cavalerie de Toulouse en 1734, mestre de camp d'un régiment de cavalerie de son nom en 1735, brigadier le 13 août 1744, maréchal de camp le 1er janvier 1748, lieutenant général le 1er mai 1758.

2. Major des carabiniers.

3. 1 capitaine, 1 officier major, 2 lieutenants ou sous-lieutenants, 16 maréchaux des logis, 16 cavaliers.

une école spéciale à Cambrai, sous les ordres de La Porterie. Mais seule, l'école d'Angers produisit de bons effets, qui ne se firent sentir qu'à partir de 1767, lorsque la méthode enseignée par M. de Livron et appliquée aux carabiniers se fut imposée à tous. Une instruction du 21 août 1764, relative « aux premiers principes... concernant l'équitation », fut appliquée pendant ce temps, mais sans uniformité dans les corps. Elle fixait la position du cavalier : le corps droit, les cuisses descendues, l'étrier chaussé jusqu'au talon, les rênes de bride à pleine main dans la main gauche, mais pouvant être séparées, ainsi que celles du bridon. Au manège, on travaillera sans étriers. Les mouvements sont réduits au strict nécessaire : doubler et changer de main en diagonale. « Il n'est point question, dit l'instruction, des différentes manœuvres sur deux pistes, non plus que du galop, et l'intention de Sa Majesté est qu'on s'en tienne aux manœuvres indiquées dans la présente instruction, jusqu'à ce que les élèves, qui seront envoyés aux écoles générales d'équitation, soient de retour à leur corps. » Pour les écoles, on fera du travail à la longe, puis on exercera les chevaux à sortir du rang ; on fera le travail sur les deux pistes, les changements de main au galop. Quelques mots sur le dressage complètent ce programme, lui aussi bien simple, mais dont le caractère rudimentaire jette un jour bien net sur l'état réel de la cavalerie française à cette époque. Le silence gardé en ce qui touche l'équitation d'extérieur et les sauts d'obstacles est significatif.

De cette époque également date l'influence prépondérante que devaient avoir sur toute l'arme de la cavalerie les écoles d'équitation, dont la plus célèbre, Saumur, tire directement son origine des créations du marquis de Choiseul. Répondant en 1764 à un besoin incontestable, l'institution de cours spéciaux auxquels devaient être astreints les meilleurs officiers paraît n'avoir été destinée dans l'esprit de ses auteurs qu'à une existence temporaire. Il s'agissait expressément de former des instructeurs pour répandre dans les corps l'unité de principes en matière d'équitation, puis de décentraliser l'instruction en la remettant à ceux qui devaient en tirer parti. On verra dans la suite par quelles transformations successives on arriva à l'édification d'un organe central et permanent, dépositaire de la seule doctrine orthodoxe, dont l'influence, parfois bienfaisante, pesa toujours lourdement sur les méthodes et l'esprit de la cavalerie française.

L'ordonnance de 1755 avait, dès son apparition, provoqué des critiques.

Sans parler de Melfort, dont l'idée maîtresse, « le guide au centre », n'avait pas été accueillie, le vicomte de Sarsfield avait, dans un remarquable mémoire daté de 1756 (1), fait ressortir la contradiction de l'ordonnance qui « recommande de préférer les mouvements par lesquels on peut se former le plus rapidement, et en même temps prescrit de faire les manœuvres carrément,... obligeant les troupes à parcourir le chemin le plus long et par conséquent à ne se former qu'avec une extrême lenteur ».

Les événements de la guerre venaient de démontrer l'absolue insuffisance des procédés tactiques en usage. Il s'agissait donc de profiter des enseignements si chèrement acquis.

L'instruction provisoire du 1er mai 1765 prescrit la construction d'un manège couvert dans chaque régiment, où les officiers et cavaliers devaient être instruits de l'équitation par les officiers de retour des écoles dont il vient d'être question plus haut. Aucun officier ne peut être reçu à son emploi sans avoir fait le service de cadet, puis de maréchal des logis. Le capitaine est rendu responsable de l'instruction de sa compagnie et est tenu de se faire obéir par ses lieutenants et sous-lieutenants.

La formation en bataille est toujours sur deux rangs ; la compagnie comprend 8 escouades, 4 subdivisions commandées chacune par un maréchal des logis et 2 divisions commandées la première par le lieutenant, la seconde par le sous-lieutenant. Deux compagnies forment un escadron, dirigé par le plus ancien capitaine placé à deux pas devant le centre. Les deux lieutenants

1. Cavalerie, tactique, carton V. La date n'est pas absolument certaine, mais l'œuvre est antérieure à la guerre de Sept ans.

sont aux ailes du premier rang, les deux sous-lieutenants aux ailes du deuxième rang, le capitaine en second en serre-file. Le front se calcule à raison de 3 pieds, ou un grand pas, par homme monté, soit 12 grands pas par division ; la profondeur des deux rangs est de 6 grands pas. Ce sont exactement les mêmes chiffres qu'aujourd'hui. Les intervalles entre les escadrons sont d'un demi-front ou 24 grands pas : ils sont aujourd'hui de moitié. On pouvait d'ailleurs les réduire à zéro, pour marcher « en muraille » en serrant sur le centre.

Les ruptures par division, compagnie ou escadron en avant du front, ou les formations en bataille, jusqu'au régiment inclus, se feront par la *diagonale* précédée et suivie de deux petites conversions en sens inverse.

Quant à la direction, elle reste assurée par le guide à droite, mais, dans la marche en bataille de quatre escadrons, la file de gauche du deuxième escadron et celle de droite du troisième sont responsables de l'intervalle à conserver entre elles. Il y avait là une concession insuffisante aux idées de Melfort et un élément d'incertitude constant dans les manœuvres. Comme Melfort en avait démontré la nécessité, dans les conversions, chaque homme du deuxième rang devait se porter de deux cavaliers en dehors de son chef de file, et le pivot devait tourner sur un arc de cercle de 5 pas de rayon pour une division.

Quant aux allures, on devait toujours passer par le trot pour accélérer du pas au galop ou pour ralentir du galop au pas.

Dans les déploiements en avant, la base fait toujours halte. Dans les déploiements sur le flanc, la marche continue et l'on peut même faire face à gauche, ce qui invertit les unités.

Ajoutons que la possibilité donnée par l'ordonnance de rompre le régiment en bataille, soit par deux escadrons, soit par escadron, soit par compagnie, soit par division, contient en germe la formation moderne, connue sous le nom de « ligne de colonnes »(1), la « colonne double » (2), et même la « demi-colonne »,

1. Le commandement était le suivant : *En avant, par division, rompez les escadrons* (huitième manœuvre).

2. Le commandement était : *A droite et à gauche, par division, formez la colonne du centre.*

vu la faculté donnée de marcher par l'oblique en troupe ou même par l'oblique individuelle. Il y avait là les principes d'une tactique d'approche toute nouvelle, et dont les contemporains ne semblent pas avoir apprécié le prix.

La charge se fait au galop, le sabre haut, les éperons aux flancs et droit sur les étriers. Contre l'infanterie, on attaque de préférence en colonne, mais avec 100 pas de distance entre les lignes. Dans les exercices, des cavaliers isolés se croisent, les troupes s'arrêtent nez à nez, l'une se retire par le demi-tour individuel à droite et se rallie, l'autre fait poursuivre par quelques files et s'arrête.

L'instruction provisoire fut immédiatement essayée au camp de Compiègne où quatre, puis six régiments de cavalerie et quatre de dragons furent réunis le 10 juillet 1765.

L'ordonnance définitive, qui porte la date du 1er juin 1766, confirma en tous points l'instruction provisoire, mais elle y ajouta diverses prescriptions dignes de remarque.

Le stage préliminaire imposé aux candidats officiers fut précisé : il fallut passer deux mois comme simple cavalier, deux comme brigadier, deux comme maréchal des logis, et subir un examen devant le chef de corps et les officiers supérieurs avant de pouvoir exercer les fonctions de sous-lieutenant. La seule dispense accordée à l'obligation de remplir effectivement les fonctions d'homme de troupe était celle du pansage.

Il fut prescrit de façon ferme d'exercer le régiment à cheval deux fois par semaine pendant les mois de juin, juillet, août et septembre, une fois par semaine pendant ceux de mai et d'octobre. Le reste du temps, les recrues devaient monter au manège deux fois par semaine, les anciens une fois. Enfin, on adjoignit à l'ordonnance une instruction sur l'équitation très simple et très courte. Avec de légères modifications, l'ordonnance fut applicable aux dragons le 1er mai 1767.

Telle était cette œuvre remarquable, susceptible de perfectionnements, mais qui, pour la première fois en France, se trouvait conforme aux vrais principes de la tactique cavalière. Conçue sous l'influence si souvent favorable d'insuccès militaires, elle n'avait en vue que les seuls mouvements utilisables à la guerre et resta le meilleur règlement que la cavalerie ait possédé pendant de longues années.

Grâce à l'impulsion énergique du duc de Choiseul, l'ordonnance fut immédiatement mise en pratique dans les camps de Compiègne et de Soissons en 1766 et 1767, et à celui de Verberie, mais pour les hussards seulement, en 1769.

VII

LA DÉCADENCE DE LA CAVALERIE

La décadence. — La chute de Choiseul devait amener une réaction désastreuse, dont l'abandon du système des camps ne fut qu'un épisode.

L'instruction sur l'équitation avait été appliquée de façon fort différente suivant les écoles et suivant les corps. Lorsque la méthode suivie à l'école d'Angers (1) eut été admise pour tout le monde, on avait déjà perdu beaucoup de temps, et le marquis de Castries (2) pouvait dire que l'instruction réelle n'avait commencé qu'au 1er janvier 1769, époque où tous les instructeurs étaient revenus à leurs corps, imbus des préceptes de M. de Livron. En 1770 encore, de Castries constatait, qu'après avoir fait manœuvrer les régiments de Strasbourg et de Metz, il avait « trouvé autant de différences dans les commandements, les alignements et les autres principes qu'il pourrait y en avoir entre un régiment anglais, français ou allemand ».

Bien que l'ordonnance eût prévu entre les escadrons des intervalles peut-être un peu forts, elle avait donné la possibilité d'exécuter la charge « en muraille ». L'engouement pour cet ordre, cher à Frédéric II, et contre lequel Warnery, à l'exemple de Ziethen, devait s'élever (3) avec vigueur, était si général en France que de Castries devait faire remarquer dans ses instructions que de petits intervalles entre les escadrons sont indispensables, car « le balancement du cheval dans le train du galop

1. Sous les ordres de M. de Livron, major des carabiniers.

2. Observations, août 1767 et 31 décembre 1770. (Cavalerie, tactique, III.)

3. Warnery attribue à l'ordre en muraille plusieurs des insuccès de la cavalerie prussienne.

lui fait prendre plus d'espace qu'à une autre allure ». « Je n'ai jamais vu, disait-il[1], partir une ligne avec des intervalles pour mener la charge qui ne se trouvassent remplis à la fin : je n'ai jamais vu une ligne totalement en muraille qui n'ait crevé. » L'équitation prenait aussi une tendance à être trop académique. « Pourtant, disait de Castries, sans équitation on n'a pas de cavalerie : avec trop d'équitation, on n'en a pas davantage. » De plus, la manœuvre, la discipline plus sévère, surtout l'obligation de séjourner constamment dans les quartiers, rendaient le recrutement plus difficile. Les capitaines réclamaient le droit de fournir les recrues, et le retour au système où l'homme passait « deux ans sur trois dans un village, nourri chez son hôte gratis, sans monter à cheval, ni s'habiller », car il ne s'engageait plus que des vagabonds ou des gens sans aveu. « Il faut opter, répondait de Castries[2], entre avoir une cavalerie bien composée, mais ignorante et hors d'état de se mettre en bataille, ou en avoir une inférieure en qualité d'hommes, mais supérieure dans la manœuvre. »

Entre les régiments, peu préparés à une administration rigoureuse, les différences de dépenses avaient été excessives. Dans certains d'entre eux, au système de parcimonie entretenu par l'intérêt personnel avait succédé un véritable gaspillage de l'argent et du matériel. Beaucoup de masses s'étaient trouvées en perte.

A cela s'ajoutaient les plaintes de la noblesse, à laquelle la composition nouvelle de la cavalerie avait ôté quelques places et qui réclamait la restauration de quatre compagnies par escadron. Un premier acheminement dans ce sens avait été le projet de former l'escadron à trois compagnies, afin d'avoir quatre capitaines de plus par régiment. Énergiquement combattue par de Castries, toujours clairvoyant et bien inspiré[3], cette déplorable mesure, soumise par le ministre Monteynard à l'examen des inspecteurs

1. Instructions pour le chevalier d'Abense, 1770. (Cavalerie, tactique, III.)

2. Projet de mémoire, juillet 1771. (Cavalerie, organisation, I.)

3. « L'expérience de quatorze campagnes m'a prouvé que huit capitaines pour 640 chevaux étaient plus que suffisants lors même qu'ils étaient détachés avec 50 maîtres, et il serait préférable de ne les détacher qu'avec des troupes plus fortes. » (Lettre du 25 juillet 1771. — Cavalerie, organisation, I.)

de cavalerie[1] et jugée défavorablement par la presque unanimité d'entre eux[2], allait être encore aggravée par l'ordonnance du 17 avril 1772[3] qui bouleversa à la fois l'administration et la constitution du régiment.

« Sa Majesté, y est-il dit, aurait reconnu que l'expérience qu'on fait depuis quelques années des nouvelles formes d'administration.... n'aurait pas répondu aux vues qui les avaient dictées, qu'il en était résulté dans ses divers régiments une inégalité de dépense très grande et très préjudiciable à ses finances ; que, pour rétablir l'égalité des dépenses, en écarter tous les abus et la fixer dans de justes proportions, il était nécessaire d'intéresser les capitaines à l'entretien de leur compagnie et de régler une forme d'administration qui fournisse par elle-même les ressources nécessaires en tout temps, pour les recrues, les remontes et les réparations de toute espèce, et qui, *en procurant aux capitaines un bénéfice qui serait le fruit de leurs soins,* les garantisse cependant chacun en particulier des pertes considérables que la cavalerie éprouve quelquefois pendant la paix et souvent pendant la guerre. »

« Sa Majesté aurait de même reconnu que l'ordonnance du 21 décembre 1762 aurait réduit de plus de moitié le nombre des compagnies existantes dans la cavalerie et privé, par cette réduction, la noblesse française d'un nombre de places qu'elle a toujours désiré d'obtenir... »

Il est impossible d'avouer plus ingénuement le caractère antimilitaire de la réforme qui va consacrer le plus lamentable retour en arrière.

Les 30 régiments, alors à 8 compagnies de 54 hommes, vont former chacun 12 compagnies de 36 hommes et 3 escadrons seulement. Il y aura donc 4 compagnies par escadron, comme avant la guerre de Sept ans. On avait voulu réduire la compagnie ainsi affaiblie à 2 officiers[4], bien suffisants pour cette force

---

1. Instruction du 25 mai 1771.

2. Mémoire du marquis de Poyanne, commandant en second les carabiniers (Cavalerie, organisation, III).

3. Applicable le même jour aux dragons.

4. En supprimant le sous-lieutenant, qui devait être payé jusqu'à ce qu'il eût un nouvel emploi (Instruction aux inspecteurs du 25 mai 1771).

minuscule. On y renonça devant les plaintes, et il y aura, pour 24 cavaliers et 1 trompette, 1 capitaine, 1 lieutenant, 1 sous-lieutenant, 1 fourrier, 2 maréchaux des logis, 4 brigadiers, 4 carabiniers. Ce sera avec l'état-major un total de 47 officiers et 36 bas-officiers pour 384 brigadiers, carabiniers et cavaliers, et l'on ne saurait imaginer une constitution plus lourde, plus coûteuse et moins productive de force réelle [1]. Le bénéfice réalisé sur la masse dite pour « places de fourrages » forme une réserve de 24 000 livres, dont le supplément est partagé entre les capitaines, lesquels touchent en outre 5 sous par place et sont rendus responsables en cas d'insuffisance de la masse d'entretien. Ainsi, et bien que le système des masses soit conservé et que l'administration en reste assurée par régiment, les capitaines vont redevenir presque aussi intéressés à ce qu'on ne travaille pas, et à ce qu'on n'use pas d'effets, qu'à l'époque où ils étaient propriétaires de leurs compagnies.

Les 4 régiments de hussards conservent leur organisation à 8 compagnies de 40 hommes, formant 4 escadrons. Il en est de même des carabiniers qui continuent à former 30 compagnies composant 10 escadrons [2].

L'effectif total des troupes à cheval, non compris les hussards, tomba de 221 à 174 escadrons.

Comme le disait justement le marquis de Poyanne [3], l'effet de cette fâcheuse réforme était de réunir « beaucoup d'inconvénients sans être balancés par aucun avantage. Le roi a moins d'hommes, moins de chevaux effectifs, une diminution de 47 escadrons sur le tableau militaire, et il en coûte au delà d'un million de plus, et l'augmentation de 500 officiers au moins est une charge excessive, sans qu'il en résulte aucun bien pour le service. Le nombre qu'il y en avait dans chaque régiment était très suffisant, même en supposant les compagnies portées à 75 hommes en temps de guerre, et leur trop grand nombre produit une augmentation im-

1. Les nouvelles nominations d'officiers de cavalerie se firent de façon singulière. Les capitaines furent pris dans l'infanterie et même dans la marine. (Mémoire du 8 avril 1775. Cavalerie, Tactique, carton III.)

2. Ordonnance du 9 juin 1772. Ordonnance du 23 août 1772.

3. Mémoire cité ci-dessus.

mense dans les équipages des armées, beaucoup d'embarras et une consommation considérable de fourrages et de vivres... »

La manœuvre elle-même allait se trouver remise en question par cette nouvelle organisation. Comment allait-on placer les officiers? demandait justement M. de Nicolaï(1). Le marquis de Vogüé plaçait le premier capitaine devant le centre, le second en serre-file, les deuxième et troisième aux ailes. Mais alors ils abandonnaient leurs compagnies. Pour y remédier et pour parer aux inconvénients du commandement à grade égal, accru par l'extension du nombre des capitaines, M. de Lambert proposait la création d'un nouveau grade : celui de chef d'escadron (2). Il ne pouvait l'obtenir, et le règlement du 10 avril 1773 plaçait le plus ancien capitaine devant le centre de l'escadron et à un pas, le second en serre-file, le troisième à droite du premier rang, le quatrième à gauche, les lieutenants aux ailes du premier rang, les sous-lieutenants aux ailes du second.

Les écoles de cavalerie étaient supprimées et remplacées par des écoles spéciales à chaque régiment, dans lesquelles on ne devait exercer au galop que les élèves de la première classe et « toujours en file ». De novembre à mai, les compagnies devaient aller au manège une fois par semaine pendant une heure environ, « mais pas plus d'une heure et demie », au pas et au trot, et une fois par quinzaine le régiment avait à faire une marche militaire d'une lieue. En mai, c'était la mise au vert. En juin, juillet et août, manœuvre du régiment deux fois par semaine, « au pas et au très petit trot pendant le premier mois ». En septembre, grandes manœuvres « lorsqu'il plaira à Sa Majesté ». En octobre, repos.

Défense expresse était faite d'ajouter quoi que ce soit à cet invraisemblable programme, véritable revanche de la paresse et de l'incurie contre la généreuse tentative de Choiseul.

Si l'on ajoute que l'instruction aux inspecteurs de cavalerie du 10 avril de la même année rendait aux capitaines la faculté de faire les remontes en leur assurant 400 livres par cheval fourni,

---

1. Lettre du 7 juillet 1772 (Cavalerie, tactique, III).
2. Lettre du 10 mai 1772 (Cavalerie, tactique, III).

on ne peut méconnaître la coïncidence frappante qu'il y a entre cet abandon de tous les vrais principes, cavaliers et militaires, et les concessions faites à l'intérêt personnel d'une certaine classe d'officiers.

Les protestations contre les errements en vigueur étaient pourtant éloquentes.

Dans un nouvel ouvrage, considérable et luxueux[1], Drummond de Melfort revenait à la charge et développait, en les complétant, les principes posés dans son essai de 1748. Il demandait des escadrons de 98 sabres, avec un gros excédent pour entretenir les effectifs et fournir les détachements, et cinq escadrons par régiment, les mouvements au galop, les ruptures par quatre ou par files, les exercices en terrain varié, le combat à pied par petites fractions. Il revenait avec insistance sur la nécessité du guide au centre.

De son côté, Guibert, dans son magistral *Essai général de tactique,* paru en 1772, exprimait sur la cavalerie les idées les plus justes et dont un grand nombre valent encore d'être connues aujourd'hui.

« La cavalerie, dit-il, n'a qu'une manière de combattre, c'est par la charge ou par le choc. Toute action de feu en troupe lui est impropre.

« La vitesse et la cohésion sont les qualités essentielles, et l'heureux emploi des fourrageurs (à Fontenoy) tient à ce qu'on a cru longtemps en France qu'on ne pouvait charger au galop en ordre. » Les armes défensives sont inutiles contre le feu et gênantes par leur poids. Mais contre l'arme blanche, si elles sont légères, elles rendent les plus grands services. La lance ne vaut rien et est en tout inférieure au sabre droit.

« Il ne reste aujourd'hui en Europe que la cavalerie polonaise armée de lances, et, quoiqu'elle soit composée d'hommes robustes et braves et d'excellents chevaux, il n'y a pas de cavalerie moins redoutable. »

Quant à la formation, il faut bien se persuader que « la force de choc n'est produite que par le premier rang », le second ne

1. *Traité de la cavalerie,* paru en 1767. Il coûtait 45 écus, et le maréchal de Saxe disait de cet ouvrage qu'il avait ruiné son auteur sans rétablir la fortune de son maître.

sert qu'à boucher les vides, le troisième ne peut qu'alourdir. Il faut donc le supprimer et, comme le demande Melfort, le remplacer par une petite réserve placée à 20 pas en arrière.

Quant à l'escadron de 160 hommes, il est beaucoup trop lourd et peu manœuvrier. Le vrai escadron est de 100 hommes en une seule compagnie à 3 divisions, et en outre 1 division de quelques hommes d'élite. Le régiment serait de 9 escadrons, formant 3 brigades de 3 escadrons chacune. C'est donc le système ternaire complet, et dont Guibert tire tous les avantages en demandant la suppression du « préjugé des inversions » et le déploiement en éventail de l'escadron en colonne.

Pour ce qui touche à l'équitation, « les règles françaises sont de pure convention. On a des cavaleries partout supérieures à la nôtre, avec des principes d'équitation différents, mais tous d'accord sur le *raccourcissement des étriers.* »

« Vous n'avez pas, depuis six ans, activé l'éducation d'un régiment entier. » Il faut donc des méthodes simples et pratiques et non une équitation d'académie.

Enfin, en matière d'évolutions, Guibert adopte les mouvements de flanc prônés par Melfort, mais il les perfectionne en leur donnant des directions « diagonales », sous la conduite de l'officier qui est à l'aile.

Rien ne put prévaloir contre les dispositions de la cour et des ministres.

La chute du marquis de Monteynard et l'avènement du duc d'Aiguillon, sans procurer de progrès immédiats, permirent au moins à certaines voix autorisées de signaler les périls que courait la cavalerie française.

Le comité des inspecteurs de cavalerie — Par lettre du 7 mars 1774, un comité des inspecteurs de cavalerie fut institué sous la présidence du prince de Soubise pour étudier les réformes urgentes. Il forma un comité des manœuvres qui comprit le marquis de Castries, le marquis de Lugeac, le comte de Caraman, le comte de Melfort, le vicomte de Sarsfield, le duc

1. La période d'études (duc d'Aiguillon, 30 janvier au 2 juin 1774; comte de Muy, 5 juin 1774 au 10 octobre 1775).

d'Ayen, le marquis de Ray, le baron de Viomesnil, le chevalier de Coigny. Son œuvre, consignée sur un registre annoté par le marquis de Castries, présente le plus haut intérêt [1].

On commença par demander que les colonels fussent astreints à quatre mois de présence réelle au corps. Puis, pour répondre aux arguments spécieux d'un mémoire de M. de Mailly [2], qui attribuait à l'organisation de Monteynard l'avantage de permettre des augmentations à la mobilisation, la commission fit justement remarquer qu' « il n'en est pas des troupes à cheval comme des troupes à pied... L'infanterie peut, avec moins d'inconvénients, supporter des augmentations si elle est préalablement et suffisamment pourvue d'officiers et de bas-officiers instruits... La cavalerie, au contraire, ne peut, dans aucun cas, en recevoir aucune. Il est de son essence qu'elle soit constituée de manière que les régiments ne puissent être augmentés, ni les escadrons doublés ni dédoublés... » Par suite, « une constitution fixe et invariable ferait toute sa force. L'on peut seulement et l'on doit, aux premiers soupçons d'une guerre, faire une augmentation d'hommes et de chevaux, mais uniquement pour en former des *dépôts* qui entretiennent pendant le cours des campagnes les escadrons toujours complets et toujours sur le même pied. » Par conséquent, disaient les membres de la commission au ministre, « nous nous adressons à vous pour supplier Sa Majesté de prononcer sur le nombre d'escadrons qu'Elle veut avoir à la guerre, et pour lui démontrer que ce nombre doit être le même pendant la paix... et que toute autre forme à donner à la cavalerie porterait avec elle son principe de destruction ».

A ce pressant appel, le ministre se borne à répondre évasivement [3] qu'il faut proportionner les dépenses du militaire à la situation, « ne pas augmenter les impôts, que les cavaliers suffisent comme nombre », et qu'il faut « se borner à présenter au roi une composition qui puisse se prêter aux différentes positions... et une administration solide... » Malgré son désir de fixer l'effectif des troupes à cheval à 150 escadrons de cavalerie

1. Archives de la guerre, Cavalerie, tactique, carton IV.
2. Cavalerie, organisation, cartons I et IV
3. Lettre du 8 avril 1774 à Soubise.

et 85 de dragons, la commission propose donc 120 escadrons de l'une et 68 des autres.

A l'unanimité, semble-t-il, on condamna la propriété des compagnies laissée aux capitaines et par suite le système des « partis » prélevés en guerre sur tout un régiment. Avec le système administratif par corps et de la régie, on devra aux armées fournir tous les services par fractions constituées. Les inspecteurs demandent donc le retour au système de Choiseul, c'est-à-dire au système de 4 escadrons à 2 compagnies, commandés chacun par un capitaine ayant un brevet spécial, partagés en 2 divisions, 4 subdivisions et 8 escouades, et forts de 160 hommes chacun pour avoir sur 3 rangs un front de 48 files.

Une série d'appels sont ensuite adressés au roi pour lui demander de « supprimer la nomination arbitraire aux compagnies et successivement leur vénalité » (1), et de faire accéder les lieutenants au grade de capitaine par ancienneté. Du Muy, le nouveau ministre, donne à ce sujet les meilleures espérances, mais il se refuse à tout changement dans la composition de la cavalerie (2), à toute réforme qu'entraînerait la composition du régiment à 4 escadrons. Peut-être, dans un but de conciliation, le comité, par 17 voix contre 5, propose de former le régiment à 5 escadrons, mais par ailleurs il demeure ferme dans sa demande de retour à l'organisation de 1762 (3). Allant plus loin même dans la voie du progrès, les inspecteurs donnèrent toute leur approbation à deux mémoires qui proposaient de former l'escadron à une seule compagnie (4) et d'établir la constitution d'un dépôt.

Tous ces efforts si éclairés, si indépendants, si militaires et si patriotiques devaient échouer contre la résistance d'une cour et d'un ministre sans défense vis-à-vis des coteries et des considérations d'intérêt personnel.

Pendant ce temps, le comité des manœuvres avait poursuivi

---

1. « Ce vice fondamental n'existe qu'en France. Les puissances de l'Europe, sans en excepter une seule, l'ont extirpé comme destructif de toute cavalerie. » (Mémoire rédigé par le comité le 21 décembre 1774.)

2. Séance du 10 mars 1775,

3. Quatorzième séance, 31 mars 1775.

4. L'un de ces mémoires était de M. de Créqui.

ses travaux, mais, arrêté par le mauvais vouloir qu'on opposait aux projets de réorganisation rationnelle, il ne put aborder la réfection de l'ordonnance. Il se borna à réclamer qu'aucun officier ne pût passer « à un nouvel emploi sans être soumis à un nouvel examen et sans justifier qu'il a les connaissances que ce grade exige », à demander l'établissement d'une école d'équitation centrale et unique, une manœuvre en campagne une fois par semaine pendant le mois de septembre. Quant à la manœuvre proprement dite, on ne put énoncer que quelques principes excellents d'ailleurs : l'*introduction des inversions,* c'est-à-dire « qu'il devait être égal que les escadrons fussent intervertis entre eux... et qu'on devait par conséquent exercer les troupes à manœuvrer autant de la droite à la gauche que de la gauche à la droite... », puis l'*alignement sur le centre* dans l'escadron marchant en bataille et, pour le régiment, l'alignement sur un escadron désigné qui pouvait être un de ceux du centre, enfin l'adoption de trois ordres d'attaque : en muraille, mais avec des intervalles de 2 à 6 pas ; ordinaire, avec des intervalles d'un quart du front ; et enfin tant pleins que vides, surtout pour la deuxième ligne.

VIII

DU MINISTÈRE SAINT-GERMAIN AU CONSEIL DE LA GUERRE

Une phase nouvelle pour la cavalerie allait commencer à l'avènement au ministère du comte de Saint-Germain, très imbu, trop peut-être, des idées allemandes. Il devait être secondé par Guibert, partisan décidé des méthodes de Choiseul[1].

A son arrivée au ministère, la situation des troupes à cheval était la suivante :

Organisation de la cavalerie au mois d'octobre 1775. — Saint-Germain avait trouvé la cavalerie ainsi composée :

Maison du roi. — 4 compagnies de gardes du corps, une compagnie de gendarmes de la garde, une compagnie de chevau-légers de la garde, une compagnie de grenadiers à cheval de la garde, 2 compagnies de mousquetaires : 13 escadrons.

Gendarmerie. — 10 compagnies de gendarmes, formant 10 escadrons.

Cavalerie. — 30 régiments de cavalerie à 3 escadons, chaque escadron de 4 compagnies de 36 hommes dont 4 à pied, ce qui fait 144 hommes par escadron : 90 escadrons.

Le régiment des carabiniers formant 10 escadrons de 3 compagnies, la compagnie de 52 hommes dont 12 à pied, ce qui fait 156 hommes par escadron : 10 escadrons.

1. Saint-Germain, 27 octobre 1775 à 27 septembre 1777.

Dragons. — 17 régiments de dragons à 3 escadrons, chaque escadron de 4 compagnies de 32 hommes dont 8 à pied, ce qui fait 128 hommes par escadron : 51 escadrons.

Hussards. — 4 régiments de hussards à 4 escadrons, chaque escadron de 2 compagnies de 40 hommes, ce qui fait 80 hommes par escadron : 16 escadrons.

Troupes légères. — 7 légions formées d'une compagnie de grenadiers, 8 de fusiliers et 8 de dragons, ces dernières composées de 29 hommes.

Récapitulation. — La cavalerie, au mois d'octobre 1775, était forte de 190 escadrons.

Maison du roi	13
Gendarmerie	10
Cavalerie	100
Dragons	51
Hussards	16
TOTAL	190 escadrons

auxquels il faut joindre 56 compagnies de dragons, appartenant aux légions.

Les effectifs étaient les suivants :

Maison du roi	2418
Gendarmerie	1090
30 régiments de cavalerie et le régiment des carabiniers	14583
4 régiments de hussards	1284
17 — dragons	6562
Troupes légères à cheval	1624
TOTAL	27561
Officiers des différents corps ci-dessus	3188
TOTAL de la cavalerie, officiers et hommes.	30749 (1)

Les ordonnances de 1776. — Arrivé au pouvoir le 27 oc-

1. Ces chiffres sont empruntés à un état des troupes françaises (vol. 3692, Archives historiques du ministère de la guerre).

tobre 1775, Saint-Germain faisait, dès le 13 février de l'année suivante, l'essai aux carabiniers de la constitution de l'escadron à une seule compagnie. Les huit escadrons auxquels le corps était réduit devaient être commandés chacun par un lieutenant-colonel ayant sous ses ordres 2 capitaines, 2 lieutenants et 1 sous-lieutenant avec 145 hommes de troupe, dont 2 maréchaux des logis, 1 fourrier et 8 brigadiers.

Le 25 mars 1776, l'ordonnance concernant la cavalerie opérait une réforme radicale.

Il n'est conservé que 23 régiments, les 7 autres devenant dragons. Chaque régiment sera de 5 escadrons dont un de chevau-légers, et un sixième escadron, dit « d'auxiliaires », sera formé à la mobilisation; il servira de dépôt de recrues et de jeunes chevaux et aura, dès le temps de paix, comme cadre fixe : 1 officier, 2 maréchaux des logis et 6 brigadiers. Les escadrons seront commandés le premier par le mestre de camp en second, le second par le lieutenant-colonel, mais tous comprendront 1 capitaine commandant, 1 capitaine en second, 2 lieutenants, 2 sous-lieutenants, 1 maréchal des logis chef, 1 second maréchal des logis, 1 fourrier, 8 brigadiers, 1 cadet-gentilhomme, 152 maîtres, 2 trompettes, 1 frater, maréchal ferrant; au total : 174 hommes, officiers compris, répartis en quatre divisions égales. L'état-major comprend un mestre de camp commandant, 1 mestre de camp en second, 1 lieutenant-colonel, 1 major, 1 quartier-maître trésorier, 2 porte-étendards, 1 adjudant [1], 1 chirurgien-major, 1 aumônier, 1 maître maréchal, 1 maître sellier, 1 armurier.

Une masse générale de 128 livres par an et par homme monté doit pourvoir à la fois aux recrues, aux remontes, à l'habillement, à l'équipement, à l'entretien et à toute espèce de réparations. Elle sera administrée par un conseil.

Les officiers sans emploi sont conservés à la suite.

Les dragons prennent la même organisation que la cavalerie [2], mais le cinquième escadron est dit de « chasseurs » : les quatre régiments de hussards (Berchény, Chamborant, Conflans et Ester-

1. Ayant rang de maréchal des logis en chef.

2. Ils sont portés à vingt-quatre régiments par l'incorporation de sept régiments de cavalerie, puis de la cavalerie des légions (ordonnance du 7 mai 1776).

hazy) dans lesquels sont fondus la légion légère de Conflans et le régiment de Nassau, sont également formés à 5 escadrons [1].

La création de l'escadron de chevau-légers dans la cavalerie, de chasseurs dans les dragons, avait pour but, dans la pensée du comte de Saint-Germain, d'organiser solidement les troupes légères dont les divers corps n'avaient eu jusqu'alors qu'une existence précaire, mais elle rompait l'homogénéité du régiment et fut très vivement critiquée. « Les compagnies de chasseurs, disait M. Dubuysson [2], ne remplaceront jamais les troupes légères... Pour être bonnes et complètes, elles énerveront leur régiment : le remplacement de leur consommation, beaucoup plus considérable que celle des troupes de ligne... ruinera les masses, s'il est bien fait... Dans le cas contraire, ces troupes seront toujours incomplètes, serviront mal et deviendront détestables... J'ai ouï des officiers expérimentés prédire le sort des chasseurs et des chevau-légers à la guerre. Ces compagnies, disaient-ils, seront toujours détachées de leur corps et réunies ensemble sous le commandement d'un officier choisi qui, à la seconde campagne, se plaindra des difficultés qu'il éprouve des régiments pour tous les remplacements et obtiendra de les faire faire lui-même. Les

1. Entre autres innovations qui suivirent bientôt, on doit signaler l'institution des cadets (ordonnance du 25 mars 1776). Ils doivent être nés nobles ou fils de capitaines ayant la croix de Saint-Louis, ou d'officiers supérieurs, astreints à faire le service de simple cavalier, moins les corvées, en portant l'uniforme, mais en drap de bas-officier et n'ayant pour signe distinctif qu'une épaulette en galon d'or ou d'argent ; l'abolition complète, mais progressive, de la vénalité des grades; après remboursement d'un quart du prix de la charge aux héritiers d'un titulaire, le prix en était abaissé aux trois quarts pour le nouveau promu, à la moitié pour le second, au quart pour le troisième ; la charge serait donnée gratuitement ensuite ; la formation, dès le temps de paix, de divisions confiées aux inspecteurs dont la charge fut supprimée et remplacée par le commandement effectif et permanent.

La grande ordonnance du 25 mars 1776 régla minutieusement l'administration, l'habillement, les recrues, dont le temps de service fut maintenu à huit ans (l'exonération dite « congés de grâce » est admise à prix d'argent) ; les rengagements (suppression des hautes payes, et primes de 120 et 170 livres accordées), les remontes, la discipline, la police intérieure. Remarquable par sa précision et la valeur de la plupart de ses prescriptions, notamment au sujet du luxe des officiers, elle fut complètement déconsidérée dans l'opinion par la substitution à la prison des coups de plat de sabre, punition corporelle contraire au tempérament du soldat français et depuis longtemps déjà sortie des mœurs militaires.

Le poste de capitaine commandant est donné en principe au plus ancien des capitaines en second, mais sur l'avis d'un conseil de régiment qui est présidé par le maréchal de camp de la division et qui a le droit de proposer un autre officier, jugé plus méritant.

2. Premier capitaine du régiment de Noailles. (Mémoire de 1779, Cavalerie, organisation, carton III.)

corps à leur tour se plaindront de ce qu'ils leur coûteront cher, et ce sera un moyen de plus pour que le chef, momentané, devienne un colonel et les compagnies de chevau-légers et chasseurs des légions. ». « Ces chasseurs, disait aussi le duc de Coigny (1), s'ils restent chasseurs, seront toujours employés détachés de leurs corps... (et) alimentés d'hommes et de chevaux par le fonds des régiments, ce qui est inadmissible. » Ces reproches paraissent très fondés. Avec la force excessive donnée à l'escadron, il semblait aussi à certains que le commandement manquait d'uniformité et souvent d'autorité, puisque, pour trois escadrons, il était confié à un simple capitaine (2). On demandait donc la création de 4 chefs d'escadron et la division en 2 compagnies, de 81 hommes chacune (3). C'eût été évidemment beaucoup plus rationnel que le système du capitaine commandant, doublé du capitaine en second. Mais le système de Guibert : l'escadron de 100 hommes en une seule compagnie, quitte à augmenter le nombre de ces unités dans le régiment, eût été sans doute bien préférable. Saint-Germain, admirateur des gros escadrons prussiens et autrichiens, ne voulut pas diminuer la force de l'élément correspondant en France et n'osa pas supprimer les capitaines en second, au moment où il mettait tant de capitaines hors d'emploi par la réduction du nombre des compagnies.

Il en résulta donc une organisation qui est, à quelques unités près, celle que nous avons aujourd'hui, avec tous ses défauts : lourdeur excessive de l'escadron, commandement à grade égal, et dont l'accès est inutilement et fâcheusement retardé par la période passée dans les fonctions mal définies de capitaine en second, diminution du rôle des officiers supérieurs. On comprend les vives critiques de ceux qui, prônant l'extension du rôle du capitaine et l'augmentation de l'effectif de son unité, voyaient leurs idées faussées par ce système, maladroite copie des procédés étrangers.

En matière de constitution de la cavalerie, l'œuvre de Saint-

---

1. Note, Cavalerie, organisation, carton V.

2. Le cadre des sous-officiers était aussi insuffisant : 1 maréchal des logis, 1 second maréchal des logis, 1 fourrier écrivain.

3. Mémoire anonyme dû à un capitaine du régiment d'Artois (Verdun, 1778).

Germain sera donc caractérisée par l'examen d'ensemble qui va être fait de la situation qu'il laissa à ses successeurs.

Nouvelle organisation donnée à la cavalerie par le comte de Saint-Germain. — ***Maison du roi.*** — Contrarié par une opposition puissante, le comte de Saint-Germain put néanmoins réaliser quelques réformes dans la maison du roi.

Par une ordonnance du 15 décembre 1775, chaque compagnie des gardes du corps est réduite de 6 à 5 brigades et forme 2 escadrons et demi. Les quatre compagnies comprennent donc 10 escadrons.

La compagnie se compose de : 1 capitaine, 1 aide-major, 2 lieutenants commandants d'escadron, 3 lieutenants, 10 sous-lieutenants, 2 porte-étendards, 2 fourriers, 10 maréchaux des logis, 20 brigadiers, 280 gardes, 1 timbalier et 5 trompettes.

En outre, les officiers, ayant rang d'officier général, ne comptent plus dans la composition des compagnies, mesure qui doit permettre de faire entrer en ligne pour le service les gardes du corps avec la cavalerie.

Ne pouvant supprimer les deux compagnies fort coûteuses des chevau-légers et gendarmes de la garde, le comte de Saint-Germain les réduit, par ordonnance du 19 janvier 1776, à la composition suivante : 1 capitaine-lieutenant, 2 capitaines-sous-lieutenants, 2 enseignes, 1 aide-major, 2 maréchaux des logis, 1 porte-étendard, 1 fourrier-major, 4 brigadiers, 46 gendarmes ou chevau-légers, 1 timbalier et 2 trompettes.

Chevau-légers de la garde . .	1/2 escadron.
Gendarmes de la garde. . . .	1/2 —

Plus heureux en ce qui concerne les grenadiers à cheval et les mousquetaires, le comte de Saint-Germain obtient leur suppression.

Gendarmerie. — Ce corps, qui est alors commandé par M. de Castries, est vivement défendu par ce dernier et ne subit que des réductions peu importantes :

Par ordonnance du 24 février 1776, il ne comprend plus que

8 compagnies au lieu de 10, chaque compagnie formant 1 escadron : 8 escadrons.

La compagnie reçoit la composition suivante : 1 capitaine-lieutenant, 1 premier lieutenant, 1 second lieutenant, 1 sous-lieutenant, 1 porte-étendard, 4 maréchaux des logis, 8 brigadiers, 1 fourrier, 96 gendarmes et 2 trompettes.

Cavalerie. — Indépendamment des carabiniers, 23 régiments de cavalerie sont conservés par ordonnance du 25 mars 1776. Ce sont : Colonel-Général, Mestre-de-Camp-Général, Commissaire-Général, Royal, du Roi, Royal-Étranger, Cuirassiers, Royal-Cravates, Royal-Roussillon, Royal-Piémont, Royal-Allemand, Royal-Pologne, Royal-Lorraine, Royal-Picardie, Royal-Champagne, Royal-Navarre, Royal-Normandie, La Reine, Dauphin, Bourgogne, Berry, Artois et Orléans.

Les 7 régiments de cavalerie de Chartres, Condé, Bourbon, Conti, La Marche, Penthièvre et Noailles sont destinés à former autant de régiments de dragons.

Chacun des 23 régiments de cavalerie conservés est composé de 5 escadrons, dont 4 de cavalerie et 1 de chevau-légers. En temps de guerre, il sera créé par régiment un escadron d'auxiliaires jouant le rôle de dépôt.

En temps de paix, les 23 régiments forment 115 escadrons.

L'escadron est identifié à la compagnie, dont nous rappelons ici la composition, qui sera la même pour les dragons et les hussards : 1 capitaine commandant, 1 capitaine en second, 1 premier lieutenant, 1 lieutenant en second, 2 sous-lieutenants, 1 maréchal des logis en chef, 1 second maréchal des logis, 1 fourrier écrivain, 8 brigadiers, 1 cadet-gentilhomme, 152 maîtres, 2 trompettes, 1 frater, 1 maréchal-ferrant, soit 174 hommes au total, officiers compris.

Par ordonnance du 13 février 1776, le régiment des carabiniers est réduit de 10 à 8 escadrons, de 145 hommes et 6 officiers par escadron.

Dragons. — Par ordonnance du 25 mars 1776, les dragons forment, avec les 7 régiments de cavalerie transformés en dragons, 24 régiments qui sont : Colonel-Général, Mestre-de-Camp-

Général, Royal, du Roi, La Reine, Dauphin, Monsieur, Artois, Orléans, Chartres, Condé, Bourbon, Conti, La Marche, Penthièvre, Lorraine, Custine, La Rochefoucauld, Jarnac, Lanan, Belzunce, Languedoc, Noailles et Schomberg. Chaque régiment est formé de 5 escadrons, dont 4 escadrons de dragons et 1 de chasseurs, de 174 hommes, officiers compris. Les 6 légions supprimées (Royale, de Flandre, Lorraine, Condé, Soubise et Dauphiné) forment chacune 4 escadrons de chasseurs et fournissent aux régiments de dragons les 24 compagnies de chasseurs qui entrent dans leur nouvelle formation.

Les 24 régiments de dragons font 120 escadrons.

Hussards. — Par ordonnance du 25 mars 1776, les trois régiments de hussards de Berchény, Chamborant et Esterhazy sont conservés.

Le régiment de Nassau est supprimé et fondu dans les autres régiments. Les dragons de la dernière légion, celle de Conflans, servent de noyau à la formation d'un nouveau régiment de hussards, celui de Conflans. Les 4 régiments de hussards sont formés à 5 escadrons de 174 hommes, officiers compris : 20 escadrons.

Récapitulation

Maison du roi	11
Gendarmerie	8
Cavalerie	123
Dragons	120
Hussards	20
TOTAL	282 escadrons.

D'après un document des archives de la guerre : « Tableau du militaire de France en paix et en guerre, 1777 » (1), les effectifs étaient les suivants, officiers compris :

Maison du roi	1 493
Gendarmerie	959
Cavalerie	21 568
Dragons	21 211
Hussards	3 532
TOTAL	48 763

1. Vol. 3710, Archives historiques du ministère de la guerre.

auxquels il faut joindre, en temps de guerre, 23 escadrons auxiliaires de cavalerie, 24 escadrons auxiliaires de dragons, 4 escadrons auxiliaires de hussards, soit 4 002 cavaliers, 4 176 dragons et 636 hussards.

La constitution donnée par le comte de Saint-Germain à nos troupes à cheval procurait, dès le temps de paix, une augmentation de 92 escadrons et de 18 014 cavaliers (282 escadrons au lieu de 190, 48 763 hommes au lieu de 30 749).

L'ordonnance de 1777. — A la nouvelle organisation devait obligatoirement correspondre une tactique nouvelle, et cet objet fut rempli par l'ordonnance du 1er mai 1777 « pour régler l'exercice de toutes les troupes à cheval ». Pour la première fois, et par une nouvelle imitation des procédés prussiens, le règlement s'adressait également à la cavalerie, aux dragons et aux hussards, ces derniers définitivement incorporés dans la cavalerie.

Le capitaine commandant devient responsable de l'instruction de ses recrues à pied. Mais, pour le travail à cheval, les divers instructeurs sont groupés sous les ordres d'un officier (capitaine en second), désigné spécialement sur tout le régiment pour ce service, qui doit mettre les recrues à même d'entrer dans l'escadron en quatre mois.

Le régiment forme cinq escadrons, celui des chevau-légers ou chasseurs portant le numéro 1 ; tous les officiers sont dans le rang (aux ailes) ou en serre-file, sauf le capitaine commandant, à 2 pas devant le centre. L'intervalle normal entre les escadrons est d'un demi-front d'escadron. Il peut être réduit à 6 pas, dans l'ordre « en muraille », ou porté à la totalité du front d'un escadron dans l'ordre « tant pleins que vides ». La distance entre les rangs serrés n'est que de 1 pied. Dans la manœuvre, on emploie la « marche diagonale », c'est-à-dire l'oblique par troupe, le « tête à botte », c'est-à-dire l'oblique individuelle, le « déploiement par file », c'est-à-dire le mouvement de flanc de l'infanterie après lequel on fait front successivement au fur et à mesure de l'arrivée sur le nouveau point de formation, enfin les conversions à pivot fixe ou à pivot mouvant.

Dans les marches en colonne, l'effectif exagéré de l'escadron oblige à augmenter la distance entre les pelotons pour pouvoir se déployer à droite ou à gauche. On admet pour les escadrons la colonne à distance de déploiement, à demi-distance et à distance de 6 pas, appelée alors la « masse ».

L'alignement dans la division ou le peloton (demi-escadron) se prend sur l'aile, mais, dans l'escadron, le *guide est au centre* et suit le capitaine commandant, comme le voulaient Melfort et Guibert. Dans le régiment, on désigne l'un ou l'autre des escadrons comme escadron de direction. « Si l'un des autres le dépasse, le capitaine commandant ralentit ou regagne sa place avec beaucoup de modération, cette défectuosité momentanée, dit sagement l'ordonnance, n'influant en rien sur le bon ordre de la ligne. »

Les ruptures et formations se font par la diagonale « en doublant son degré de vitesse » : néanmoins, la base de formation fait halte. Si l'on rend ainsi le déploiement très rapide, on s'interdit les attaques brusques qui exigent absolument la conservation d'une allure vive pour l'unité de base, quitte à avoir les autres en échelons. Pourtant, et pour la première fois, le principe des échelons est introduit dans la manœuvre et, dans la charge contre la cavalerie, on reconnaît l'avantage que donne toujours l'initiative de l'attaque. L'ordonnance, compliquée et formaliste, ne permet ni la soudaineté de la charge ni la manœuvre prompte du dernier moment, qui permet seule la charge de flanc justement conseillée.

La charge se fait en muraille, au trot, puis au galop et à l'allure la plus rapide, « en baissant la main et s'enlevant sur les étriers, sans abandonner le rang ni l'ensemble ». « Les escadrons d'ailes peuvent rester en colonne pour se rabattre ensuite. » Dans les exercices, on représente seulement l'ennemi par quelques cavaliers qui font demi-tour, de façon à ne pas amener d'arrêt brusque. « Les charges doivent être courtes, mais hardies et impétueuses : c'est toujours en raison du degré de vitesse que l'on doit compter sur le succès, et il est à désirer qu'un escadron bien lancé s'arrête difficilement. »

Contre l'infanterie, on forme une ou plusieurs colonnes pour faire des trouées par où débouchent les escadrons restés en arrière. Enfin, on s'exerce au ralliement. « Le point essentiel est d'apprendre à se former rapidement en bataille, à bien marcher en ligne et en colonne, à exécuter souvent le simulacre des charges, comme l'objet le plus important et pour lequel on doit acquérir la plus grande impulsion, enfin à se rallier promptement dans le besoin. »

Tout cela est, on le voit, excellent : le malheur réside dans la complication des prescriptions de détail, qui paralyse l'inspiration du moment et devait laisser lourde et peu manœuvrière une cavalerie à laquelle on se proposait d'inspirer l'entrain et le goût du mouvement.

En ce qui concerne les dragons, les plus importantes des prescriptions spéciales concernent le combat à pied, dans lequel deux cavaliers seulement par section, un par rang, restent à cheval et sont chargés de toutes les montures attachées ensemble par la têtière et les rênes. L'opération était ainsi compliquée et lente, mais elle avait au moins l'avantage d'être unique et de donner au feu une très grande puissance.

A l'ordonnance était jointe une « instruction d'équitation », de quelques pages, admettant enfin le galop, mais sans les changements de main, pour lesquels on doit passer au trot, et conseillant l'emploi de la longe aussi bien pour l'éducation de l'homme de recrue que pour le dressage du jeune cheval.

Les défauts graves de la nouvelle ordonnance apparurent promptement. Sous beaucoup de rapports, l'imitation trop servile des procédés de l'infanterie était visible et l'esprit cavalier devait souffrir « de la lenteur des mouvements préparatoires qu'on a calqués sur l'ordonnance de l'infanterie..... Les officiers de cavalerie ne doivent qu'avec peine se voir assujettis dans leurs commandements à ceux de détail que doivent faire les chefs de chaque subdivision..... L'on regrettera la célérité et le brillant des anciennes manœuvres [1]..... ». « Il est bien extraordinaire, disait de son côté le marquis de Lambert, qu'on ait été chercher

1. *Réflexions sur la constitution actuelle de la cavalerie*, par M. Dubuysson, premier capitaine au régiment de Noailles (vers 1779) [Cavalerie, organisation, carton III].

pour faire une ordonnance de cavalerie un officier d'infanterie allemande qu'on a envoyé chercher des instructions à Cassel où il n'y a pas de cavalerie [1]. » Quant à de Castries, il déclarait « honteuse » et propre « à faire battre les meilleures troupes » la place assignée au capitaine commandant qui, au moment de la charge, devait se placer dans le rang [2]. Enfin, la complication des mouvements et des commandements était excessive.

On verra que cette œuvre ne devait avoir qu'une existence éphémère.

L'influence des nouvelles mesures concernant l'organisation donnée à la cavalerie allait se faire sentir, après le départ de Saint-Germain, dans le « Règlement provisoire du 15 juillet 1778, sur le service en campagne », rédigé par ordre de son successeur et ancien adjoint, le prince de Montbarey.

Bien qu'à l'instar de tous les travaux similaires antérieurs, le nouveau règlement s'occupât surtout de régler minutieusement les mesures d'ordre, de police, de discipline à observer en campagne, certaines dispositions ont un caractère nettement tactique.

Tel est le rôle attribué aux escadrons de chevau-légers et de chasseurs, affectés en permanence aux avant-gardes. Une armée se meut en principe sur six colonnes, celles des ailes étant formées par de la cavalerie. Elle a, en avant d'elle, un corps détaché, qu'on appellerait aujourd'hui l'avant-garde générale, et des avant-gardes particulières confiées en principe aux grenadiers ainsi qu'aux chevau-légers et chasseurs. Les gardes et les détachements de découverte sont aussi le service le plus habituel de ces fractions, mais le règlement permet d'y affecter toute troupe de cavalerie.

C'était là sinon une innovation, tout au moins un retour à un état de choses trop longtemps tombé en désuétude.

Le chapitre intitulé « Instructions pour les jours de combat » présente un intérêt particulier, car il indique clairement les idées alors en vigueur en matière de tactique générale.

---

1. Lettre du 18 juin 1777 (Cavalerie, tactique, carton IV).
2. Observations sur l'ordonnance du 1er mai 1777 (Cavalerie, tactique, carton IV).

Il est une maxime « qu'un homme de guerre ne peut trop se graver dans l'esprit, que ce sont les plus opiniâtres qui gagnent les batailles ». Cette idée si juste et si militaire se retrouve sous la plupart des conseils et des procédés. En principe, l'armée se forme sur deux lignes, à 300 pas de distance, la cavalerie aux ailes, mais on y ajoute des réserves à 300 pas de la deuxième. L'artillerie se place en avant, à portée de ses objectifs, sous la protection des chasseurs, véritables tirailleurs, tandis que les gros se tiennent à l'abri. Les ailes de cavalerie restent prêtes à faire des charges successives, constamment renouvelées grâce à de prompts ralliements. En cas de succès, on confie la poursuite aux chevau-légers et chasseurs ou aux mieux montés d'entre eux. En cas d'échec, on fait couvrir les défilés par des détachements à pied ou des grenadiers. En principe aussi, la position d'attente pour la cavalerie est en bataille sur deux ou trois lignes : il en résulte donc que les longues marches d'approche détournées seront peu exécutables. La cavalerie reste encore soudée étroitement à l'ordre de combat de l'armée, elle en fait partie intégrante et, une fois placée, ne peut plus agir qu'à des distances courtes et à peu près uniquement droit devant elle.

Les grands enseignements donnés par les mouvements tournants de Seydlitz à Rosbach ou à Zorndorf sont peu utilisés faute de formations massées, propres aux marches d'approche dissimulées et aux rapides déploiements. Lorsqu'on voudra, avec une masse de cavalerie, venir prendre en flanc ou à dos une aile de l'adversaire, on n'aura d'autre ressource que celle dont le général prussien a d'ailleurs fait un si remarquable emploi : la rupture en colonne de pelotons par une aile et la formation en bataille par conversion des mêmes unités dans le sens opposé, après qu'un détour aura permis de gagner une position propice. Ce sera pendant longtemps la seule manœuvre de champ de bataille dont la cavalerie française dispose, et, si les résultats en furent parfois remarquables, on ne doit pas perdre de vue le danger constant auquel est exposée une semblable colonne, à peu près incapable de se déployer du côté de sa tête, si celle-ci vient à être menacée.

Comme il fallait s'y attendre, l'organisation composite des régiments de cavalerie et de dragons ne dura pas. Les ordonnances du 29 janvier 1779, rendues sous le ministère du prince de Montbarey, l'ancien adjoint de Saint-Germain, détachèrent les escadrons de chevau-légers et de chasseurs pour en former, en les groupant par quatre, six régiments de chevau-légers et six de chasseurs. Les anciens régiments se trouvèrent du coup réduits à quatre escadrons. Les hussards conservèrent leur organisation jusqu'au 31 juillet 1783, où une ordonnance, créant un cinquième régiment, Colonel-Général, les ramena tous à quatre escadrons. On y ajouta, le 14 septembre de la même année, un sixième régiment formé du corps des Volontaires de Lauzun. L'ordonnance du 1er mai 1777 eut le même sort et fut remplacée par le projet de juillet 1779, dont l'esprit est bien défini par ce préambule : « Sa Majesté..... ayant reconnu que la complication de quelques manœuvres pouvait être contraire à la célérité qu'elle veut établir dans sa cavalerie, Elle a jugé à propos d'en rapprocher les principes de l'ordonnance du 1er juin 1766... », celle de Choiseul.

Il s'en faut de beaucoup que ce but ait été atteint. Dans la formation du régiment en bataille, on admit que l'ordre habituel sera « en muraille », c'est-à-dire avec « peu ou point d'intervalles entre les escadrons ». Dans l'ordre ouvert, les intervalles seront de 12 pas. En outre, on imagina l'ordre « en échiquier », c'est-à-dire deux lignes « tant pleins que vides », ces derniers correspondant dans la première ligne aux pleins de la deuxième.

Dans la marche de flanc, au lieu du mouvement individuel à droite qui formait une colonne par deux, on opéra par « quart de conversion par deux dans chaque rang, ce qui dispose la colonne par quatre de front », mouvement compliqué, peu utile et ayant le grave défaut de faire perdre au cavalier du second rang son chef de file.

Par un fâcheux retour en arrière et une singulière anomalie, l' « escadron d'alignement » est le seul à conserver ses guides (deux brigadiers) au centre. Les autres ont le leur à l'aile du côté de l'escadron d'alignement, qui est en principe le premier ou le quatrième. Le principe du guide au centre n'avait pas survécu à la fortune de son créateur.

La rupture par deux ou par quatre en avant du front se fait par rang, et, là encore, on perd de vue le principe de respecter la constitution de la file. La formation se fait donc aussi par rang successif, par l'oblique individuelle, la base faisant halte après avoir marché quatre pas. Les ruptures par escadron, peloton ou division en avant du front, continuent à se faire par la diagonale, précédée et suivie d'un quart de conversion. La formation jusqu'à l'escadron inclus se fait par l'oblique, la base ralentissant simplement, les autres fractions augmentant leur degré de vitesse. Mais, pour le régiment, on reprend la formation par la diagonale avec la halte du premier escadron. La même complication subsiste en ce qui concerne les « Sur la droite en bataille », « En arrière en bataille », motivée toujours par la crainte des inversions. Les mouvements « de flanc » servent pour gagner du terrain vers une aile, ou bien quand on veut déployer une colonne en prenant pour base un autre escadron que le premier. Tout cela est peu utile, peu mobile, peu cavalier, et ne constitue pas un progrès réel.

Chose assez inattendue, l'ordonnance contient au titre XIII une série d'indications concernant le service en campagne. Celles-ci ayant un caractère nettement tactique se trouvent là à une place qui n'est pas sans avantages, mais que la suite des pratiques suivies dans la cavalerie française n'a pas conservée. Par ce procédé, en effet, on peut garder à un règlement sur le service en campagne le caractère obligatoire en séparant nettement les conseils tactiques des prescriptions fermes touchant la vie journalière en dehors des garnisons.

L'instruction jointe à l'ordonnance de manœuvres vise les grand'gardes précédées d'un « petit corps de garde », ce que nous avons appelé depuis le « petit poste », et de vedettes doubles. Elle traite aussi des détachements : avant-garde, arrière-garde, escortes, découverte et reconnaissance. Pour tous, les indications sont très larges et rationnelles sans minutie, ni chiffres inutiles. En ce qui concerne les patrouilles, le rôle de leurs cavaliers détachés, dits « découvreurs », peut être lu avec intérêt aujourd'hui encore.

Quant à l'équitation, traitée dans le titre XIV et toujours sous forme d'instruction, elle devient beaucoup plus savante. Si le départ au galop ne se fait que par allongement du trot, on enseigne l' « épaule en dedans » et le « pas de côté ». Pour la première fois, on vise l'exercice du sabre à cheval enseigné par le maître d'armes (un par escadron), et l'on prescrit la « course des têtes ».

Enfin, l'école du régiment réuni est prescrite deux fois par semaine pendant trois mois, et les grandes manœuvres, ainsi que les exercices en terrain varié dès l'enlèvement des récoltes, deviennent, en principe au moins, d'une application courante.

Pour les dragons, on ajouta quelques prescriptions spéciales. La plus importante concerna le combat à pied, où l'on conserva à la garde des chevaux un cavalier sur trois, au lieu d'un seul par rang, comme le prescrivait l'ordonnance précédente. On y gagna peu, la mobilité des chevaux de main n'étant pas plus assurée par un procédé que par l'autre, et les préparatifs, fusil passé à la grenadière, sabre mis en bandoulière, restant aussi longs et aussi compliqués.

En somme, la nouvelle instruction ne répondait que très imparfaitement à son but. A peine moins prolixe que sa devancière, elle compliquait à plaisir la marche de flanc et les règles en matière de direction. Quelques rares prescriptions de détail pouvaient seules être considérées comme un progrès.

Chose singulière, l'ordonnance de 1777, dont le principal défaut nous semble aujourd'hui résider dans une complication et une abondance de détails inutiles, ne parut pas encore aux contemporains assez précise. Lorsqu'en 1778, on reprit la tradition des camps d'instruction à Vaussieux et, l'année suivante, à Saint-Omer, on s'aperçut que « l'ordonnance n'a été ni entendue, ni exécutée; dans les garnisons même où il se trouve deux régiments réunis, on trouve des différences dans les commandements et l'exécution. Enfin un officier général ne pourrait se promettre, en parlant la langue de l'ordonnance, d'être entendu de plusieurs régiments rassemblés, et c'est après vingt-deux ans de paix qu'il règne dans nos idées et dans nos méthodes une incertitude qui doit donner les plus grandes inquiétudes sur les événements que présenterait une guerre [1] ».

D'autre part, la cavalerie avait gravement périclité sous le rapport des effectifs en hommes et en chevaux et de la qualité des recrues. « Sa situation présente, écrivait en 1783 le marquis d'Autichamp [2], doit laisser croire qu'il serait impossible qu'elle fît la guerre ». « Cinq escadrons (de dragons), disait le maréchal de Broglie des troupes rassemblées au camp de Vaussieux [3], n'en pourraient former à la guerre que deux de 150..... La cavalerie est dans le même état, quoique ayant 50 chevaux par régiment de plus que les dragons. Ces deux troupes ne seraient point en état de servir sans une augmentation de 500 chevaux par régiment dans les dragons et 450 dans la cavalerie. »

« Il n'existe peut-être pas dans l'armée, dit un mémoire d'octobre 1787 [4], trois régiments de troupes à cheval qui soient au complet. » En défalquant les malades, les déserteurs, les recrues non instruites, les jeunes chevaux, on arrive à peine à 360 chevaux par corps. Il manquerait, pour atteindre le pied de guerre de 43 825 chevaux, 12 582 chevaux, soit plus du quart de l'effectif. Quant à ce qui est vraiment entretenu, l'entraînement est nul et l'état sanitaire médiocre. « Le peu de précautions qui sont prises par les régiments dans les garnisons ou quartiers, pour se mettre en état de partir, rend indispensable d'ordonner... de faire des promenades d'abord très modérées, c'est-à-dire de 1 lieue ou 2 au plus avec les chevaux chargés [5]. » « Il y a malheureusement dans beaucoup de régiments des chevaux qui jettent et dans lesquels il y a toujours quelque soupçon de morve. » Il est évident que l'effectif vraiment mobilisable se trouve réduit au delà de toute mesure.

Les ordonnances rendues sous le ministère de Ségur [6] ne firent, en matière d'effectif, que ratifier la situation existante.

---

1. Lettre du marquis d'Autichamp à M. le maréchal de Ségur, 23 juin 1785 (Cavalerie, tactique, IV).
2. Lettre à M. de Ségur, 8 juillet 1783 (Cavalerie, tactique, I).
3. Rapport du 13 septembre 1778 (Archives de la guerre, carton 2/13).
4. Papiers Préval.
5. *Ibidem.*
6. 23 décembre 1780 à 29 août 1787.

Constatant l'impossibilité d'entretenir l'escadron à l'effectif de 168 hommes et de 6 officiers que lui avait assigné Saint-Germain, M. de Ségur avait réduit, en 1784, l'escadron à 104 hommes et 6 officiers. Il fut admis que l'escadron-compagnie n'aurait sur le pied de paix que 96 cavaliers montés et 8 à pied [1], mais que, sur le pied de guerre, il en aurait 157 montés et 12 à pied, aucun moyen n'étant d'ailleurs donné pour fournir à la mobilisation cette augmentation considérable. Aux cadres, déjà exagérés pour cet effectif beaucoup trop faible, on crut devoir ajouter par escadron un capitaine et un sous-lieutenant de remplacement. A chaque régiment de chasseurs à cheval, dont l'effectif tombait encore plus bas, 88 cavaliers par escadron, on ajouta un bataillon à pied, à 4 compagnies de 79 hommes de troupe sous les ordres de 6 officiers chacune.

Les témoignages abondent pour démontrer l'état lamentable dans lequel était tombée la cavalerie après cette période si brillante et si pleine de promesses du ministère Choiseul, non seulement sous le rapport des effectifs, mais encore sous celui de l'instruction. « Un quart au moins des régiments serait incapable de manœuvrer devant l'ennemi », dit un mémoire de 1787 [2]. « S'il y a peu de fond à faire sur l'infanterie, dit M. de Keralio en 1788, les troupes à cheval sont encore plus dans un grand état de faiblesse et par conséquent moins en état de faire la guerre... L'armée est pour ainsi dire dépourvue de cavalerie de ligne (car peut-on faire quelque fond sur des régiments de deux escadrons ?) et absolument sans troupes légères... Le roi, qui, sans doute, croit avoir 270 escadrons, n'en a réellement que 135, ou 22815 chevaux, en état d'entrer en campagne. On ne dira qu'un mot de la cavalerie de la maison du roi, de la gendarmerie : les dix-huit escadrons qui composent ces deux corps, ainsi que ceux de la cavalerie, sont trop faibles ; mais c'est là le moindre des inconvénients qui sont inhérents à leur constitution : de beaux messieurs galonnés, tous officiers, tous gentilshommes, ou soi-disant tels, ne seront jamais soumis à la même discipline que de simples

1. Ordonnances du 25 juillet 1784 pour la cavalerie, du 8 août pour les dragons et les chasseurs, du 3 septembre 1786 pour les carabiniers.

2. Du 1er octobre 1787, sans nom d'auteur (Cavalerie, organisation, I).

cavaliers et ne peuvent rendre les mêmes services à la guerre, soit à raison de leurs prétendues prérogatives, soit à cause de leurs équipages..... On ne peut se dispenser d'ajouter qu'en général, la maison militaire du roi est la pépinière des plus mauvais officiers généraux qui existent dans quelque armée que ce soit[1]. »

1. Papiers Guibert, carton I.

IX

LE CONSEIL DE LA GUERRE ET LES ORDONNANCES DE 1788

Il devenait évident, pour tous les militaires éclairés et vraiment patriotes, que des réformes radicales étaient nécessaires.

Or, des réformes ou, plutôt, des changements, on n'avait cessé d'en avoir depuis vingt-cinq ans. Chaque ministre avait mis à l'essai son système, aussi éphémère que son existence (1); tous, d'origine militaire, étaient arrivés au pouvoir avec des idées faites qu'ils avaient incomplètement appliquées, dans une omnipotence entière et sans conseils autorisés.

Les meilleurs esprits, en tête desquels il faut placer Guibert, proclamaient cependant « la nécessité d'avoir un conseil pour préparer et coordonner les divers éléments de la constitution militaire, pour en assurer le maintien, pour indiquer au besoin, d'après une mûre appréciation des avantages et de l'opportunité, les modifications devenues nécessaires, en un mot pour soustraire tout ce qui est, dans une armée, législation, organisation, administration et règles de service, aux effets de l'instabilité ministérielle (2). »

Déjà le duc d'Aiguillon avait institué pour la cavalerie le comité des inspecteurs, dont nous avons vu l'œuvre si élevée et si clairvoyante frappée d'impuissance; Saint-Germain avait voulu créer un conseil permanent de la guerre, que les obstacles apportés par le premier ministre, M. de Maurepas, avaient empê-

1. Depuis la chute de Choiseul, 24 décembre 1770, jusqu'au 15 juillet 1789, il y eut dix ministres de la guerre : Monteynard, d'Aiguillon, Du Muy, Saint-Germain, Montbarey, Ségur, de Breteuil, Loménie de Brienne, Puységur, de Broglie.

2. Article attribué au général de Préval (*Le Spectateur militaire*, 83e livraison).

ché de réaliser. « Cependant, cette institution était de plus en plus désirée : des écrivains militaires du plus grand mérite, les Turpin, les Leyssac, les Bohan et surtout Guibert la réclamèrent fortement. Il n'est pas jusqu'aux écrivains non militaires et jusqu'aux parlementaires qui ne se fissent les organes de l'opinion générale ; enfin, l'assemblée des notables appuya de l'autorité d'un corps politique ce concours de tant d'opinions (1). »

« Mais, disait justement Guibert, l'exécution d'un tel projet n'est ni aussi simple, ni aussi facile qu'on se l'imagine (2) », et si nous allons traiter avec quelques détails cette question du conseil de la guerre que la monarchie, à la veille de sa chute, se décidait à instituer, c'est que les questions soulevées par un tel problème se retrouvent, à peine modifiées, dans tous les temps et dans tous les pays, et que leur intérêt reste aussi actuel qu'il l'était en 1787.

« Sans doute, disait Guibert, il y a de grands avantages à retirer d'un conseil de la guerre, tels que ceux de maintenir l'exécution des lois, d'empêcher les fluctuations continuelles de principes, de mettre de l'ordre et de l'économie dans les dépenses, d'opposer une digue aux prétentions et aux demandes de la faveur.....

« Mais il faut envisager en même temps que le département de la guerre est un département de force et d'activité, que ses mesures doivent être quelquefois secrètes et rapides..... Un conseil n'est ni suffisant, ni même propre à répandre dans l'armée de l'activité, du zèle et de l'émulation. Un seul homme peut exercer cette influence et... pour qu'il l'exerce avec succès, il faut que la constitution du conseil de la guerre ne lui ôte pas sa considération et ne restreigne son autorité que sur les points où il est seulement dangereux ou inutile de la lui laisser.....

« Il faut (donc) établir habilement et même adroitement une juste balance..... Car il n'y aurait rien de plus fâcheux pour le gouvernement que de hasarder un établissement de cette espèce, s'il ne devait produire que de la discorde, des empiétements, des conflits réciproques et enfin un embarras dans la machine, un

1. Article attribué au général de Préval (*Le Spectateur militaire*, 83e livraison).

2. Mémoire A, no 12, papiers Préval.

retard dans les affaires et une anarchie pires que les inconvénients de l'administration actuelle. »

Peut-on poser la question avec plus de largeur, de précision et de clairvoyance ? Il ne le semble guère. Quelle fut maintenant la solution proposée par ce grand esprit ?

« Le conseil de la guerre serait composé du secrétaire d'État de la guerre, qui en serait le président, et de dix officiers généraux, non compris le rapporteur.

« La moitié ou les deux tiers de ces officiers généraux seraient lieutenants-généraux, les autres maréchaux de camp. » Ainsi les très hautes personnalités de l'armée, les maréchaux de France sont systématiquement exclus du conseil, dont le ministre, d'après Guibert, est le président naturel. « C'est le seul moyen, dit-il, d'établir de l'harmonie entre le conseil et lui. S'il n'en était pas, ayant le travail avec le roi, ou avec le principal ministre, il déjouerait le conseil et celui-ci ne serait plus qu'un fantôme inutile. En n'admettant pas le secrétaire d'État de la guerre au conseil de la guerre, il y a des opinions pour que la présidence en fût donnée à un militaire relevé en dignité, tel qu'un maréchal de France ; mais, en y réfléchissant, on sentira que ce serait bien alors que les prétentions et les conflits seraient interminables..... Que si on donnait au président du conseil le droit de travailler avec le roi..., alors ce serait élever ministre contre ministre et compliquer l'administration d'une manière insoluble..... Pour marquer la déférence convenable tant à la dignité de maréchal de France qu'au mérite militaire de *quelques-uns* (*sic*) qui en sont revêtus, il y aurait telle lettre à écrire à MM. les maréchaux de France, au nom du roi, qui, en leur expliquant les motifs qui ont empêché le roi de les admettre au conseil de la guerre, leur marquerait le regret qu'il en a et l'intention où il est de recourir à leurs lumières en leur faisant mettre sous les yeux, soit en corps, soit personnellement à quelques-uns d'entre eux, suivant la matière et les circonstances, les principaux objets qui auraient été discutés ou qui devraient l'être dans le conseil de la guerre..... Peut-être, au lieu de la lettre ci-dessus, serait-il mieux d'insérer à ce sujet un article dans l'ordonnance de création du conseil de la guerre. »

D'une façon générale, Guibert estime que le « conseil de la

guerre doit être chargé de toute la partie législative, et le ministre, de toute la partie active et exécutive de toute cette vaste branche d'administration ». Par conséquent, « le conseil serait chargé de la confection et du maintien de toutes les ordonnances, de la comptabilité de tout le département, de la contraction de tous les marchés, de l'inspection de toutes les régies ; il serait chargé d'établir des règles pour les promotions, sur leur forme, sur la nomination aux emplois, et de veiller à l'exécution de ces règles, le choix et la proposition des personnes aux emplois devant rester à la disposition du secrétaire d'État..... (Celui-ci) conserverait exclusivement dans sa main toute la partie active et exécutive de l'administration et ainsi, par conséquent, le travail à faire avec le roi et avec le principal ministre, les rapports à faire au Conseil d'État, la proposition, l'exécution et la disposition de toutes les mesures relatives à la guerre ou à ses préparatifs, la correspondance avec les généraux,... les propositions à tous les emplois et à toutes les grâces, en demeurant toutefois assujetti..... à toutes les règles établies ».

Le conseil de la guerre devait siéger six mois par an et discuter sur les objets présentés et préparés par le rapporteur, travaillant avec le ministre au préalable. « Toutes les fois qu'on rassemble plusieurs personnes pour l'examen ou pour la formation d'un plan général, il faut que l'état des questions soit bien posé, que les matières soient d'avance bien éclaircies, que les limites de la discussion soient invariablement fixées et qu'enfin un excellent travail préliminaire mette sans cesse le président de l'assemblée en état de la diriger vers le bien ou vers la vérité qu'on cherche, en ne lui laissant jamais perdre de vue les bases qu'on a établies, les obstacles positivement insurmontables et les résultats auxquels on veut atteindre. »

Tels furent les principes qui décidèrent, le 9 octobre 1787, la création du conseil de la guerre, en vertu d'une ordonnance dont le préambule exposait « qu'il n'y a qu'un conseil constitué d'une manière permanente qui puisse créer un plan, faire de bons règlements et surtout en maintenir l'exécution, mettre de la suite dans les projets, de l'économie dans les dépenses, de l'ordre dans la comptabilité, empêcher la fluctuation continuelle des principes, opposer une digue aux prétentions et aux demandes de la faveur, enfin donner une consistance et une base à l'administration du département de la guerre. »

La présidence devait être « invariablement attachée à la charge de secrétaire d'État du département de la guerre, de quelque état et de quelque grade qu'il puisse être, son secrétaire d'État devant être regardé comme son organe et son représentant dans ledit conseil ». Le ministre, depuis quelques jours Loménie de Brienne, disposait de deux voix; les autres membres étaient réduits à neuf généraux, dont un rapporteur, officier général ou supérieur, ayant voix délibérative, qui fut Guibert. Les autres comprirent quatre lieutenants-généraux : Gribeauval (artillerie), Puységur, Guines et Jaucourt, et quatre maréchaux de camp : Fourcroy (génie), Esterhazy, d'Autichamp, de Lambert.

Chose remarquable, cinq d'entre eux, Puységur (1), Jaucourt, Esterhazy, d'Autichamp, de Lambert, avaient servi dans les troupes à cheval.

Les fonctions du conseil furent définies presque dans les termes mêmes proposés par Guibert, mais on ajouta une disposition remarquable spécialement pour le cas où le ministre se trouverait d'un avis contraire à la majorité du conseil. Un comité intime de la guerre, présidé par le roi en personne, devait comprendre le ministre principal, le secrétaire d'État des affaires étrangères, un ou deux ministres d'État, celui de la guerre et deux membres du conseil de la guerre, savoir le plus ancien et un autre au choix du conseil : ce dernier était désigné de droit par ses collègues et choisi parmi les membres du conseil qui auraient voté contre le ministre, pourvu qu'ils eussent formé le tiers au moins de l'assemblée. Un ou plusieurs des maréchaux de France pouvaient

---

1. Puységur avait cependant parcouru presque toute sa carrière dans l'infanterie : Enseigne au régiment de Vexin en 1739, lieutenant le 21 février 1743, il lève une compagnie dans le régiment des cuirassiers du Roi, la commande de 1743 à 1749, obtient le régiment de Vexin en 1749, puis le régiment d'infanterie de Forez en 1756. Colonel-lieutenant du régiment Royal-Comtois pendant la guerre de Sept ans, il est nommé brigadier en 1761, se démet de son régiment pour prendre le commandement du régiment de Normandie en 1762, est fait maréchal de camp l'année suivante, avec rang du 25 juillet 1762, et créé lieutenant-général le 5 décembre 1781.

Sa présence aux cuirassiers du Roi, de 1743 à 1749, permet cependant de maintenir l'assertion ci-dessus.

d'ailleurs être appelés au comité « pour des objets importants et momentanés de discussion. En cas de guerre, Sa Majesté se proposant de faire usage de ce comité pour y discuter et arrêter les mesures et opérations relatives à ses armées, Elle y appellera ceux de ses généraux dans les talents et l'expérience desquels Elle a confiance ; mais alors le secrétaire d'État de la guerre n'entrera audit comité qu'avec un seul membre du conseil de la guerre, qui sera toujours le plus ancien. »

A peine constitué, le conseil de la guerre commença ses opérations [1].

Un magistral rapport de Guibert sur l'état général de l'armée, les abus de toute nature, le nombre excessif d'officiers (35 000, dont 1 261 généraux, 1 132 colonels) en fut le brillant prélude.

Il faudra quelque jour reconstituer toute l'œuvre du conseil de la guerre, publier les procès-verbaux de ses séances et ses rapports. Peu d'œuvres historiques seront à la fois plus attachantes et plus fécondes en enseignements de toute nature. Pour le moment, nous nous bornerons à extraire de cette grande œuvre ce qui touche expressément aux troupes à cheval.

Dans les 30 régiments de cavalerie, on comptait 361 capitaines en surnombre, 310 aux dragons, 27 aux chasseurs, 24 aux hussards, et 397 lieutenants ou sous-lieutenants de remplacement pour l'ensemble. Une forte réduction fut faite sur ces chiffres excessifs.

En ce qui concerne la répartition des troupes à cheval sur le territoire, le conseil proposa de placer à proximité des frontières qui pouvaient être menacées :

A la division	de Picardie et d'Artois	20	escadrons.
—	de Flandre	12	—
—	du Hainaut	28	—
—	de Champagne	24	—
—	des Evêchés (Metz, Toul, Verdun)	36	—
—	de Lorraine	36	—
—	de Basse-Alsace	12	—
—	de Haute-Alsace	28	—
—	de Franche-Comté et Bourgogne	20	—

1. L'ordonnance de création est du 9 octobre, la première séance du 28 octobre 1787. Le conseil resta en fonctions jusqu'au 14 juillet 1789.

En Bretagne et en Normandie, provinces qui pouvaient être, en cas de guerre, menacées par des descentes anglaises, on voulut placer 24 escadrons.

C'était donc un total de 240 escadrons, soit la presque totalité des troupes à cheval, dont le stationnement de paix devait être basé sur des raisons purement stratégiques et militaires.

Quant aux questions d'organisation de l'arme, l'esprit dans lequel les aborda Guibert et, avec lui, le conseil de la guerre, fut une manifestation curieuse de ce don de déduction qu'il possédait à un degré si remarquable.

Tout d'abord, Guibert se demande quelle doit être la force d'ensemble de la cavalerie en France [1]. « Le roi, dit-il, a 270 escadrons de carabiniers, cavaliers, dragons, hussards et chasseurs... (soit) 31 927 hommes dont 1 968 non montés... (plus) la gendarmerie faisant 869 chevaux, les gardes du corps 1 020, et ensuite les officiers de toutes les troupes à cheval... en tout 34 957 hommes à cheval » et 38 967, si on y ajoute la maréchaussée. Le tout coûte 32 millions par an.

A son avis, cette force est bien suffisante, car si le roi de Prusse et l'empereur ont l'un 43 000, l'autre 42 000 chevaux, la situation stratégique de la France, qui n'est menacée que sur une seule frontière, n'exige pas qu'elle possède une cavalerie supérieure à celle de l'une de ses rivales, car il n'est pas probable que l'une d'elles puisse entièrement dégarnir son territoire, toujours menacé par des populations cavalières turques, polonaises ou russes.

« Le défaut de la constitution militaire de France n'est donc pas précisément de n'avoir pas assez de cavalerie ; le vice est que cette cavalerie coûte trop cher, parce qu'elle est mal constituée... Il y a trop de régiments, et par conséquent trop de petits régiments, trop d'officiers supérieurs, par conséquent trop d'officiers en tout..... Pour une compagnie de 120 hommes, (il y a) 6 officiers, 1 maréchal des logis en chef, 1 fourrier, 4 maréchaux des logis, 8 brigadiers, 1 premier appointé, 7 autres appointés, en tout 28 ; les étrangers n'en ont pas la moitié tant, et leurs escadrons sont plus forts..... »

1. Seconde partie du *Rapport sur la constitution des troupes de ligne.*

« Il y aurait donc une constitution à donner aux troupes à cheval qui serait, à ce qu'on croit, très supérieure à celle qu'elles ont, supérieure en simplicité, en solidité, en économie ; mais il faudrait travailler sur une table rase ; il faudrait pouvoir n'être arrêté par aucune considération et, malheureusement, ces deux conditions n'existent pas. »

« Il est hors de doute, par exemple, qu'il n'y eût beaucoup d'économie à augmenter le nombre d'escadrons par régiments, soit en revenant à la constitution de M. de Saint-Germain qui les avait faits de cinq escadrons, soit en les doublant, ce qui les formerait de huit escadrons. »

Mais les réformes à opérer, si on voulait diminuer le nombre des régiments, seraient excessives.

Par suite, Guibert se prononce pour le maintien de la situation existante, mais en distinguant divers états.

Sur le *pied de paix,* l'escadron-compagnie sera de 112 hommes et 104 chevaux commandés par un *chef d'escadron,* assisté d'un capitaine et de 4 officiers. Il y aura 4 escadrons par régiment.

Mais, sur le *petit pied de guerre* et dans les camps, les régiments ne formeront que trois escadrons, le 4e servant de dépôt, recevant les recrues et les jeunes chevaux et fournissant aux trois escadrons de guerre le complément nécessaire pour les porter à 112 hommes montés. Sur le *grand pied de guerre,* le 4e escadron serait mobilisé le plus tôt possible et remplacé par un nouvel escadron « auxiliaire ou de dépôt », grâce à des enrôlements et à des levées de chevaux préparées à l'avance, faisant connaître au gouvernement « ce qu'il pourrait trouver de secours dans les écuries de la cour et de tous les citoyens du royaume, car c'est là que, vu le luxe et l'augmentation prodigieuse des équipages, vont se fondre les plus belles productions de nos haras et celles qui seraient le plus à propos à notre cavalerie. » Tout notre système de mobilisation et de réquisition est contenu en germe dans ces paroles alors si nouvelles.

La constitution proposée par Guibert n'est, et il le dit expressément, qu'un expédient temporaire. Et s'il combat la proposition de d'Autichamp de créer le régiment à cinq escadrons, ce n'est que par des raisons de personnes et de finances. « On ne peut forcer par la volonté les obstacles naturels ou du moins momentanés que la France éprouve pour porter sa cavalerie sur un pied aussi nombreux qu'il serait à désirer qu'elle fût. Il faut y suppléer par une réunion de moyens intelligents et adroits... en portant tout ce qu'elle aura de troupes à cheval au plus haut degré d'instruction et de bonté,... par l'habileté des combinaisons dans la formation des armées et dans les plans de campagne, par l'étude de la grande tactique et par l'art des généraux ; il faut y suppléer enfin en sachant mettre à profit les avantages topographiques du royaume..... Considération qui..... peut dispenser la France d'être tout à fait aussi forte en cavalerie que le roi de Prusse et l'empereur, ou du moins qui peut nous donner le temps d'attendre, pour nous mettre au même point, que l'ordre de nos finances soit rétabli et que l'état de nos haras soit amélioré. »

Si l'on dégage donc ces propositions des nécessités temporaires qui pesèrent sur elles, il en ressort certains principes généraux et d'un intérêt permanent : l'absolue nécessité de doter le régiment de cavalerie d'un dépôt, celle de donner le commandement de l'escadron à un officier supérieur en grade à tous les autres, enfin celle de limiter l'effectif de manœuvre à 112 chevaux au moins(1), 120 au plus, « dernier terme du front d'un escadron, et par delà lequel il devient trop lourd à remuer et à tenir dans la main ».

Dans la création du grade de *chef d'escadron*, on doit aussi considérer une idée juste et élevée, qui, légèrement modifiée, se retrouvera dans la constitution adoptée. C'est celle de confier le commandement des unités tactiques à des officiers de choix. Dans un grand mémoire approuvé par le conseil (2), Guibert

1. Guibert faisait remarquer que le projet du marquis d'Autichamp de 5 escadrons à 96 hommes seulement donnait des unités incapables de supporter la moindre perte et ne tenait pas compte des non-valeurs et des malades que son auteur lui-même évaluait à 22 hommes de déficit. « Je m'en rapporte, disait Guibert, au témoignage de tous ceux qui voient notre cavalerie ne pouvoir manœuvrer aujourd'hui qu'à 72, 80 et au plus 84 chevaux. Un seul régiment, celui de Royal-Allemand, est cité pour manœuvrer à 96... Qu'est-ce que c'est qu'une constitution qui, avec un grand cadre apparent, avec de prétendues grandes bases d'augmentation, ne peut jamais ni manœuvrer, ni camper, ni servir, ni combattre sur le pied numérique de ses escadrons !... »

2. *Motifs qui ont déterminé l'opinion du conseil sur la constitution à donner à la cavalerie française*, de 1788 (collect. Préval, carton VII).

insiste sur l'erreur qui remet ce poste essentiel à l'ancienneté seule. Telle est pourtant la pratique encore en vigueur aujourd'hui : les officiers d'avenir parviennent trop tard à la tête des escadrons et ceux dont la carrière est limitée y arrivent nécessairement et s'y éternisent.

Des idées de Guibert, qui elles-mêmes tenaient un compte marqué de la situation du moment et défendaient les intérêts si nombreux alors lésés par des réformes rationnelles, il résulta un compromis, particulièrement intéressant parce qu'il fut l'origine de l'organisation que la cavalerie devait conserver pendant la plus remarquable période de guerres.

Les ordonnances du 17 mars 1788. — Le faisceau des ordonnances du 17 mars 1788 opéra une refonte radicale.

Les troupes à cheval durent comprendre, outre les gardes du corps, seul reste de la maison du roi (1), 24 régiments de cavalerie, 18 de dragons, 12 de chasseurs (2) et 6 de hussards, en tout : 60 régiments.

Pour la cavalerie et les dragons, la constitution fut identique :

1 colonel,
1 lieutenant-colonel,
1 major,
1 major en second,
1 quartier-maître trésorier,
3 porte-étendards,
} soit 8 officiers de l'état-major.
10 fonctionnaires ou hommes de troupe du petit état-major.

Trois escadrons commandés chacun par un chef d'escadron (ayant rang d'officier supérieur) et formés de deux compagnies, comprenant chacune :

1 capitaine,
1 lieutenant,
1 sous-lieutenant,
1 porte-étendard pour l'une, 1 sous-lieutenant de remplacement pour l'autre,
77 hommes montés, dont 2 à pied.

1. Les gendarmes furent supprimés le 2 mars 1788.

2. Par la transformation de six des vingt-quatre régiments de dragons (Boufflers, Montmorency, Deux-Ponts, Durfort, Ségur, Languedoc).

Le total du régiment est, sur le pied de paix, de 516 officiers et hommes de troupe, dont 492 montés.

Sur le pied de guerre, il est formé un dépôt auxiliaire de 78 hommes montés, avec 2 ou 3 officiers, les escadrons de guerre se complétant à 150 hommes instruits, montés sur des chevaux d'âge.

Pour les chasseurs et les hussards, il y eut 4 escadrons par régiment, chaque compagnie comprenant 79 hommes de troupe. Sur le pied de guerre, l'escadron devait être de 200 hommes montés et 10 à pied (1).

Il faut y ajouter les carabiniers, qui formaient un corps ayant la force de deux régiments, chacun à quatre escadrons, l'escadron ayant la même composition que dans la cavalerie légère.

Tout cela, on le voit, était fort loin des idées exprimées par Guibert. On lui avait pris la conception du régiment mobilisé à trois escadrons, mais on avait supprimé l'essentiel : l'escadron de dépôt, et rien ne permettait de comprendre comment on l'organiserait ni comment on augmenterait l'effectif des escadrons mobilisés. On avait bien admis le chef d'escadron, mais on avait adopté la division en deux compagnies qui permettait de conserver au service deux capitaines au lieu d'un. Par une conséquence directe, on avait dû donner à l'escadron un fort effectif, excessif même dans les troupes légères, et en faire ainsi une unité lourde et peu maniable, tout en constituant faiblement le régiment.

Cependant, cette organisation devait avoir certains avantages, en première ligne desquels il faut placer une réelle élasticité.

La compagnie, constituée à 77 ou 79 cavaliers, pouvait perdre un tiers de son effectif sans que l'escadron cessât d'être constitué à un chiffre permettant la manœuvre, et cette considération paraît avoir décidé la majorité du conseil contre la conception, beaucoup plus séduisante, de l'escadron peu supérieur organiquement à 100 chevaux. Il pouvait d'autre part arriver, et il arriva à certains moments de l'époque napoléonienne, que l'augmentation des effectifs permît de dédoubler l'escadron, dont la compagnie

1. Les chasseurs à pied formèrent des bataillons séparés.

prit alors le rôle. Enfin, tout capitaine se trouva, dès sa promotion, investi d'un commandement réel, et on supprima pour lui cette période d'attente si irrationnelle qui résulte des fonctions mal définies du capitaine en second.

La conception organique du 17 mars 1788, si elle n'est pas la meilleure qu'on puisse concevoir, présente donc un intérêt tout particulier à la fois par elle-même et par la sanction qu'elle reçut au cours de la période la plus féconde en enseignements de toute l'histoire militaire.

En ce qui concerne la répartition des troupes à cheval sur le territoire, elle résulte du tableau ci-dessous :

Première division — Flandre

4 brigades d'infanterie faisant	16	17 bataillons.
1 bataillon d'infanterie légère	1	
1 brigade de chasseurs à cheval		8 escadrons.

Deuxième division — Hainaut

4 brigades et demie faisant		18 bataillons.
1 brigade de cavalerie	6	14 escadrons.
1 brigade de chasseurs à cheval	8	

Troisième division — Champagne

2 brigades d'infanterie		8 bataillons.
1 brigade de cavalerie	6	14 escadrons.
1 brigade de hussards	8	

Quatrième division — Première des Evêchés

3 brigades d'infanterie		12 bataillons.
1 brigade de dragons.	6	14 escadrons.
1 brigade de hussards	8	

Cinquième division — Deuxième des Evêchés

2 brigades d'infanterie		8 bataillons.
1 brigade de cavalerie	6	14 escadrons.
1 brigade de chasseurs à cheval	8	

Sixième division — Première de Lorraine

2 brigades d'infanterie, compris le régiment du Roi	8	9 bataillons.
1 bataillon de chasseurs à pied	1	
2 brigades de cavalerie, compris le corps des carabiniers		14 escadrons.

Septième division — Deuxième de Lorraine

2 brigades de dragons	12	20 escadrons.
1 brigade de chasseurs à cheval	8	

Huitième division — Basse-Alsace

4 brigades d'infanterie		16 bataillons.
1 brigade de cavalerie	6	14 escadrons.
1 brigade de hussards	8	

Neuvième division — Haute-Alsace

2 brigades d'infanterie		8 bataillons.
1 brigade de dragons	8	14 escadrons.
1 brigade de chasseurs à cheval	6	

Dixième division — Franche-Comté

1 brigade d'infanterie		4 bataillons.
1 brigade de cavalerie	6	14 escadrons.
1 brigade de chasseurs à cheval	8	

Onzième division — Dauphiné

1 brigade d'infanterie	8	6 bataillons.
2 bataillons de chasseurs à pied	2	

Douzième division — Provence

2 brigades d'infanterie	8	10 bataillons.
2 bataillons de chasseurs à pied	2	

Treizième division — Languedoc et Roussillon

3 brigades d'infanterie	12	15 bataillons.
3 bataillons de chasseurs à pied	3	
1 brigade de dragons		6 escadrons.

Quatorzième division — Guyenne

2 brigades d'infanterie	8	9 bataillons.
1 bataillon de chasseurs à pied	1	
2 régiments de cavalerie		6 escadrons.

Quinzième division — Pays d'Aunis, Saintonge et Poitou

3 brigades d'infanterie	12 bataillons.
1 brigade de cavalerie	6 escadrons.

Seizième division — Bretagne

3 brigades d'infanterie	12	13 bataillons.
1 bataillon de chasseurs à pied	1	
1 brigade de dragons		6 escadrons.

Dix-septième division — Normandie

4 brigades d'infanterie	16 bataillons.

Dix-huitième division — Picardie

2 brigades d'infanterie		8 bataillons.
1 brigade de cavalerie	6	12 escadrons.
1 brigade de dragons	6	

Dix-neuvième division — Artois

4 brigades d'infanterie		16 bataillons.
1 brigade de cavalerie	6	12 escadrons.
1 brigade de dragons	6	

Vingtième division — Province de l'intérieur

1 brigade d'infanterie	4	5 bataillons.
1 bataillon de chasseurs à pied	1	
2 brigades de cavalerie	12	18 escadrons.
1 brigade de dragons	6	

Vingt et unième division — Corse

2 brigades d'infanterie	8 bataillons.

BIBLIOTHÈQUE NATIONALE IMPRIMÉS RF

En somme, la frontière des Pays-Bas autrichiens se trouve gardée par 22 escadrons, celle d'Allemagne y compris la Franche-Comté par 104. En seconde ligne, les divisions de Champagne, Picardie et Artois, pourraient encore fournir 38 escadrons. C'était donc un total de 164 escadrons, immédiatement prêts pour une guerre, continentale et tout organisés en brigades comme commandement et états-majors.

Service intérieur et service en campagne. — Une série de règlements suivirent ces mesures fondamentales. Dans cette œuvre considérable, il faut noter particulièrement le Règlement provisoire du 1er juillet 1788 sur le service intérieur, la police et la discipline des troupes à cheval, et celui du 12 août suivant sur le service en campagne.

Ce dernier contient encore principalement des prescriptions relatives à la vie journalière en campagne, et la partie tactique, très restreinte, n'est traitée que sous forme d'instruction. Cependant, pour la première fois, la forme en devient impérative et les dispositifs ainsi que les distances indiqués ont une précision toute nouvelle.

La grand'garde, est-il dit, aura pour avant-garde tout ou partie de la première division, mais elle ne s'avancera « jamais à plus de 100 pas de la troupe ». L'arrière-garde se tiendra à 50 pas, ayant derrière elle deux cavaliers à 30. Une fois en station, l'avant-garde devient le « petit corps de garde », couvert par des vedettes. C'est là le type devenu classique sous le nom d'avant-postes réguliers.

« Les gardes et détachements sont formés d'escouades, tirées du piquet » : les officiers y sont commandés à tour de rôle, « on observera de ne jamais commander pour le même détachement des officiers de la même compagnie ». Le détachement normal du chef d'escadron est de 100 chevaux, avec 1 capitaine et 2 lieutenants ou sous-lieutenants : celui du capitaine, de 50 avec 1 officier. C'est donc la proscription complète du service en campagne par unités constituées, et un retour à des errements anciens qui n'avaient même plus leur justification pécuniaire.

Pour exécuter une reconnaissance, ce qui s'appelle « aller aux nouvelles », le système est celui de l'échelonnement en avant de fractions de moins en moins fortes. Le chef « se portera légèrement avec les plus avancées sur quelque hauteur ou autre point d'où il puisse bien découvrir et, après avoir observé attentivement ce qu'il a ordre de tâcher de reconnaître, il repliera de même légèrement les troupes qu'il aura avancées et rejoindra le gros de son détachement, son objet étant alors rempli, et n'en devant plus avoir d'autre que d'aller informer le général de ce qu'il aura vu et appris ». Un pareil procédé une fois passé dans les mœurs est peu fait pour donner à une cavalerie l'entrain et l'audace qui lui sont nécessaires pour jouer un vrai rôle d'exploration. Celle-ci est forcément limitée à très courte distance, et ses résultats ne peuvent être que des plus médiocres car l'observation n'a duré qu'un instant. Le principe essentiel de la nécessité de conserver le contact, une fois obtenu, se trouve violé ou plutôt complètement méconnu.

Le règlement de manœuvres de 1788-1789. — Dès que la nouvelle constitution du régiment avait été admise, on s'était occupé d'un nouveau règlement de manœuvres dont la rédaction fut confiée à M. d'Autichamp.

L'ordonnance parue le 20 mai 1788 fut modifiée le 27 décembre 1789, alors que déjà le conseil de la guerre avait cessé d'exister, après des expériences faites par ordre de Puységur, devenu ministre de la guerre, à Metz (où l'on réunit jusqu'à 54 escadrons que l'on fit manœuvrer par régiments, brigades et même par divisions), et après comparaison avec la manœuvre à la prussienne appliquée par M. d'Escars dans les régiments d'Artois et de Schomberg.

C'est l'ordonnance définitive qui va être étudiée, tout en notant les principales modifications qu'avait subies l'ordonnance provisoire du 20 mai 1788, modifications inspirées par le marquis d'Autichamp et un autre cavalier de réputation, le marquis Du Mesnil.

L'ordonnance avait débuté par une prescription peu heureuse.

Bien que la séparation de l'escadron en deux compagnies fût déjà un fait acquis, la place des officiers définie par le règlement précédent avait été maintenue, c'est-à-dire que le plus ancien des deux capitaines était devant le centre de l'escadron et le second en serre-file, tous deux abandonnant ainsi leur unité. On en revint bien vite, et on décida que le chef d'escadron se tiendrait devant le centre de l'escadron, les deux capitaines devant le centre, l'un du premier peloton, l'autre du troisième, les deux lieutenants devant les deuxième et quatrième, les sous-lieutenants en serre-file derrière leur compagnie respective [1].

L'effectif normal de manœuvre fut fixé à 48 files, le surplus de l'effectif formant une troupe de réserve à 20 pas derrière le centre de l'escadron.

La place du colonel, fixée d'abord à 12 pas devant le centre, le fut ensuite à 8 pas. Les intervalles définitivement admis entre les escadrons en bataille furent portés, après les expériences, à 18 pieds en marchant et à 13 de pied ferme.

L'*école du cavalier* comprend : l'instruction à pied, qui se borne au maniement d'arme et à la marche sur un rang de front, de flanc et à la conversion, et l'instruction à cheval, où l'on remarque le travail en couverte et bridon, le travail à la longe sur de très grands cercles, au pas et au trot par petits groupes de huit cavaliers au plus, le travail en selle sans étriers, puis avec étriers, et qui comprend dès le début la rupture du rang ou du peloton et la formation par l'oblique individuelle, le travail en bride, puis en armes, enfin le galop dans la carrière seulement et la course des têtes [2]. Ce n'est pas à proprement parler un travail individuel, car l'homme est toujours considéré comme une unité d'un groupe : il n'y a donc que le travail par un à distance fixe, par deux, par trois ou par rang. L'école de peloton se confond ainsi avec l'école du cavalier. Elle est des plus réduites : les ruptures se font par trois ou par quatre.

On passe ensuite et immédiatement à l'*école d'escadron*.

A pied, on se borne à se former sur deux rangs et à les ouvrir et on ne réunit jamais le régiment à pied.

---

1. Le mot division devint synonyme de compagnie comprenant deux pelotons.
2. En fait d'emploi du sabre, il n'en est question qu'à la course des têtes.

A cheval, on commence par régler les allures par des marches sur route en colonne par quatre, puis on forme les pelotons ou bien tout l'escadron en avant, à gauche ou sur la droite, par l'oblique par quatre ou la conversion par quatre ; on se remet en colonne par quatre ; on peut aussi rompre la gauche en tête.

Les allures doivent être de :

50 à 55 toises à la minute au pas,
100 à 110 — au trot,
170 — au galop.

Ceci fait, on passe à la *manœuvre :* alignement sur une aile (il ne s'emploie qu'à la fin de l'instruction), marche directe, les conversions à pivot fixe ou mouvant, la marche oblique individuelle ou par troupe, la marche de flanc, la marche en colonne avec distance, serrée ou de route, cette dernière se prenant toujours dans le prolongement du front.

Le déploiement en avant se fait par l'oblique par troupe, la première s'arrêtant toujours, et jamais à une allure supérieure à celle du trot. Au contraire, les déploiements sur le flanc, très à la mode pendant les guerres suivantes, se font sans arrêt.

La charge s'effectue au galop le plus allongé après 50 mètres de pas, 150 de trot et 80 de galop, et sur une longueur de 60 pas environ.

La troupe de réserve, affectée à chaque escadron, marche en principe à 30 pas derrière lui et forme les flanqueurs et les tirailleurs. On s'exerce à la charge en fourrageurs et aux ralliements exécutés à l'allure du pas et du trot.

Les *évolutions,* qui correspondent à l'école du régiment ou d'unités plus fortes, comprennent les ruptures dans le prolongement du front. Les formations qui peuvent se faire obliquement exigent l'envoi de jalonneurs pour fixer les directions de la marche et du front à occuper. Dans la formation en avant en bataille, la tête de colonne s'arrête en arrière du front à occuper, les autres escadrons se portent *au trot* et diagonalement devant leurs places par la ligne la plus courte, et toujours vers la gauche, sauf si on a commandé *ordre inverse.*

On se sert souvent aussi des mouvements très commodes : à

droite (gauche) par quatre, spécialement pour déployer la colonne serrée.

Très justement on remarque qu'aux allures vives, trot ou galop, l'erreur d'un escadron trop en avant ou en arrière de l'alignement ne doit se réparer que progressivement, « cette défectuosité momentanée n'influant en rien sur le bon ordre de la ligne ».

L'article de la charge est remarquable. Il conseille d'utiliser les troupes de réserve ou celles de seconde ligne soit pour déborder les flancs de l'ennemi et l'envelopper, soit pour rester en colonne derrière les ailes, de passer la ligne et de charger en potence par un déploiement sur le flanc. Les charges peuvent se faire en colonne, spécialement contre l'infanterie.

L'instruction à cheval se fait par régiment, sous la direction d'un capitaine. Le travail d'hiver commençant le 15 novembre, on forme trois classes : la première, la meilleure, ne fait que promener ses chevaux pendant les mois de novembre, décembre et janvier ; la seconde va deux fois par semaine au manège ; la troisième, quatre fois ; les recrues montent tous les jours à cheval, les officiers trois fois par semaine au manège. A partir d'avril, on monte tous les jours ; en mai, on commence l'école d'escadron, puis on réunit les unités, la manœuvre à cheval devant avoir lieu trois fois par semaine jusqu'à septembre, époque à laquelle on exécute deux fois par semaine le service en campagne et une fois les évolutions. Le 15 octobre, on s'arrête pour reprendre l'instruction des recrues.

Ce travail est réglé de la façon suivante :

A pied pendant deux mois, de façon à pouvoir prendre la garde ; cinq mois à cheval, avec des délais fixes pour passer d'une leçon à l'autre, mais sans règles trop absolues « afin, dit le règlement, que l'école, pendant la paix, se rapproche, autant qu'il sera possible, de ce qu'elle doit être pendant la guerre ». Pour les gradés, une obligation remarquable est celle de revenir au peloton d'instruction à cheval et à pied, après absence ou maladie de plus d'un mois.

Tout officier arrivant au régiment doit passer par tous les grades et prendre part à l'instruction, remplir effectivement les fonctions de cavalier, brigadier, maréchal des logis, et subir un examen du colonel. Il n'est dispensé que du pansage. Après une absence de plus d'un mois, l'officier doit repasser par le peloton d'instruction et subir un examen. Toute insuffisance à la manœuvre a pour sanction l'obligation de remplir les fonctions du grade inférieur, ou encore la suspension que le chef du régiment peut prescrire même aux officiers supérieurs.

Tout en rendant hommage à l'esprit de méthode et de précision qui domine l'esprit de ce règlement, notamment en ce qui concerne l'instruction et les obligations qu'elle impose, on ne saurait dire que l'ordonnance de 1788 marquait, en matière de tactique de cavalerie, un progrès réel. L'arrêt de la base de formation dans les déploiements, l'abus des jalonneurs, le peu d'usage du galop, étaient des caractéristiques peu propres à développer le goût et l'habitude de la manœuvre rapide au moment du combat. Malgré le luxe des procédés d'évolutions, oblique individuelle, oblique par troupe, mouvements carrés, diagonaux, marches de flanc, les ressources réellement tactiques étaient des plus pauvres. Il manquait, et il devait manquer à la cavalerie, pendant toute la période des grandes guerres, des formations massées assez souples pour se prêter aux marches rapides et tortueuses et permettre de prompts déploiements dans tous les sens. La colonne serrée était loin de répondre à ces nécessités et de donner les avantages qu'on devait plus tard trouver dans la masse ou la colonne double. Comme formation sous le feu, on n'avait que la ligne déployée ; et la ligne de colonnes, dont le germe se trouvait dans l'ordonnance de 1766, allait rester longtemps ignorée.

L'histoire devait d'ailleurs démontrer qu'un règlement de manœuvres médiocre permet cependant de faire de grandes choses, quand son application est dominée par le véritable esprit de la guerre. Mais un tel esprit existait à peine en 1789 et devait être bien lent à se former.

X

LA CAVALERIE EN 1789

Composition de la cavalerie avant et après l'œuvre du conseil de la guerre. — Le conseil de la guerre avait trouvé la cavalerie ainsi composée :

	ESCADRONS	OFFICIERS et cavaliers
Maison du roi	10	1 356
Gendarmerie	8	943
29 régiments de cavalerie	116	14 819
1 corps de carabiniers	10	1 293
24 régiments de dragons	96	12 264
6 régiments de hussards	24	3 066
6 régiments de chasseurs	24	2 292
66 — formant	288	36 036 (1)

Cette composition est ainsi modifiée par le conseil de la guerre :

Maison du roi. — Une ordonnance du 30 septembre 1787 ayant supprimé les compagnies de gendarmes et de chevau-légers de la garde, la maison du roi ne compte plus que les quatre compagnies des gardes du corps, qui sont réorganisées, par ordonnance du 2 mars 1788, sur le pied suivant : chaque compagnie, réduite à un escadron, comprend 1 chef d'escadron, 4 lieutenants, 12 sous-lieutenants, dont 4 de remplacement, 8 maréchaux des logis, 16 brigadiers, 1 porte-étendard, 1 fourrier et 248 gardes : 4 escadrons.

1. D'après un pièce imprimée du volume 3766 (*Tableau des armées française, impériale et prussienne en 1787*).

Gendarmerie. — Ce corps est supprimé par une ordonnance du 2 mars 1788. De tous les corps privilégiés, c'était le meilleur au point de vue réellement militaire. Beaucoup d'anciens gendarmes reparaîtront plus tard comme officiers dans les armées républicaines.

Cavalerie. — Indépendamment des carabiniers, vingt-quatre régiments sont conservés sur pied, ce sont : Colonel-Général, Mestre-de-Camp-Général, Commissaire-Général, la Reine, Royal-Normandie, Royal-Champagne, Royal, Artois, du Roi, Royal-Lorraine, Royal-Étranger, Dauphin, Cuirassiers, Berry, Royal-Cravates, Royal-Bourgogne, Royal-Roussillon, Royal-Picardie, Royal-Piémont, Royal-Guyenne, Royal-Allemand, Orléans, Royal-Pologne, Royal-Navarre.

L'ordonnance du 17 mars 1788 portant règlement sur la constitution des troupes à cheval arrête la composition de ces régiments, sur le pied de paix, à trois escadrons, de deux compagnies chacun [1].

L'escadron est commandé par un chef d'escadron.

La compagnie comprend 1 capitaine, 1 lieutenant, 1 sous-lieutenant, 1 porte-étendard attaché à la première compagnie (dans la seconde il y aura un lieutenant surnuméraire, lequel sera toujours un officier parvenu par les grades de cavalier et de bas-officier), 1 maréchal des logis en chef, 2 maréchaux des logis, 4 brigadiers, 4 appointés, 1 trompette, 65 cavaliers dont 2 à pied parmi lesquels 1 maréchal-ferrant : au total, par compagnie 4 officiers et 77 cavaliers, par escadron 9 officiers et 154 cavaliers. État-major compris, le régiment compte 516 hommes (officiers et cavaliers), dont 492 montés.

Sur le pied de guerre, le régiment est porté à 594 hommes, dont 570 montés.

Les 24 régiments de cavalerie font 72 escadrons.

Le corps des carabiniers de Monsieur forme 2 régiments de

1. Après avoir arrêté la composition des régiments de cavalerie, dragons, hussards et chasseurs à cheval sur le pied de quatre escadrons, le conseil de la guerre ne maintient cette formation que pour les hussards et les chasseurs. Suivant l'ordonnance du 17 mars 1788 portant règlement sur la constitution des troupes à cheval, cette formation devait à la longue être étendue aux régiments de cavalerie et de dragons.

4 escadrons chacun : 8 escadrons. État-major compris, ce corps compte 1 364 hommes, dont 59 à pied.

Sur le pied de guerre, ce corps est porté à 1 572 hommes, dont 1 513 montés.

Dragons. — Les 18 régiments conservés sont : Colonel-Général, Mestre-de-Camp-Général, Chartres, Angoulême, Royal, Bourbon, du Roi, Noailles, La Reine, Penthièvre, Dauphin, Condé, Monsieur, Lorraine, Artois, Schomberg, Orléans et Conti.

Le régiment compte 3 escadrons, de 2 compagnies chacun.

La compagnie a la même composition que dans les régiments de cavalerie.

État-major compris, le régiment de dragons compte 514 dragons (officiers inclus), dont 490 montés.

Sur le pied de guerre, le régiment est porté à 592 hommes, dont 570 montés.

Les 18 régiments de dragons font 54 escadrons.

Hussards. — Les 6 régiments de hussards, Colonel-Général, Lauzun, Berchény, Esterhazy, Chamborant et Saxe sont conservés.

Chaque régiment compte 4 escadrons de 2 compagnies.

L'escadron est commandé par un chef d'escadron. La compagnie comprend : 1 capitaine, 1 lieutenant, 1 sous-lieutenant, 1 porte-étendard attaché à la première compagnie (dans la seconde il y aura un lieutenant surnuméraire), 1 maréchal des logis en chef, 2 maréchaux des logis, 4 brigadiers, 4 appointés, 1 trompette et 67 hussards : au total, 4 officiers et 79 hommes par compagnie, 9 officiers et 158 hommes par escadron.

État-major compris, le régiment compte 699 hommes (officiers inclus), dont 653 montés.

Sur le pied de guerre, le régiment est porté à 899 hommes, dont 853 montés.

Les 6 régiments de hussards font 24 escadrons.

Chasseurs. — Les régiments de chasseurs sont portés à 12 par la transformation de 6 régiments de dragons (Boufflers, Montmorency, Deux-Ponts, Durfort, Ségur et Languedoc) en régiments de chasseurs.

Les noms des 6 régiments existants sont aussi changés.

Les 12 régiments prennent les appellations suivantes : chasseurs d'Alsace, des Évêchés, de Flandre, de Franche-Comté, de Hainaut, du Languedoc, de Picardie, de Guyenne, de Lorraine, de Bretagne, de Normandie et de Champagne.

Chaque régiment compte 4 escadrons de 2 compagnies. La compagnie a la même composition que dans les régiments de hussards.

État-major compris, le régiment compte 699 hommes (officiers inclus), dont 653 montés.

Sur le pied de guerre, le régiment est porté à 899 hommes, dont 853 montés.

Les 12 régiments de chasseurs font 48 escadrons.

Récapitulation

	ESCADRONS	OFFICIERS et hommes
Maison du roi	4	1 200
24 régiments de cavalerie	72	12 384
2 — carabiniers	8	1 364
18 — dragons	54	9 252
6 — hussards	24	4 194
12 — chasseurs	48	8 388
62 —	210	36 782

Avec la maison du roi, nos troupes à cheval s'élevaient, en 1789, à 62 régiments, 210 escadrons, 36 782 hommes.

État matériel et moral de la cavalerie en 1789. — ***Recrutement.*** — D'une façon générale, le système de recrutement suivi condamnait l'armée à ne recevoir dans son sein que le rebut de la nation. Misère ou débauche, tels sont les principaux mobiles qui poussent les jeunes gens vers les recruteurs. Les procédés employés par ces derniers sont d'ailleurs peu propropres à attirer les gens honnêtes.

« Au lieu de se borner à profiter de la bonne volonté des uns et d'employer honnêtement leur intelligence pour la faire naître chez les autres, ils se portent dans les maisons de jeu, dans les lieux publics et offrent de l'argent à la jeunesse enivrée de la première sève des passions. On conçoit aisément que le joueur l'accepte dans l'espoir de recouvrer ses pertes, que le débauché le reçoit pour pouvoir continuer ses orgies. Alors les uns et les autres souscrivent un engagement conditionnel, c'est-à-dire que, si dans un mois, à dater du moment, ils ne rapportent pas le capital qu'ils viennent de recevoir, l'engagement sera valide, et, pour consolider la capitulation, l'engagé abandonne 6 livres d'intérêt par chaque louis, ce qui porte l'usure à 25 °/₀ par mois, car je dois vous observer que, si au terme du mois, le soi-disant recrue apporte le même nombre d'écus de 6 livres, la capitulation se prolonge, et l'on en voit beaucoup qui sont des dix-huit mois dans les fers de cette tyrannie. Il n'y a jamais eu, sur le pavé de Paris, depuis cette criminelle tournure, moins de 1 800 à 2 000 engagés conditionnellement, et ce sont tous jeunes gens de famille aisée. Cependant ils s'augmentent journellement des contrebandiers... (1). » Ces malheureux mettent tout en œuvre pour se procurer l'argent qui doit les libérer de leur funeste engagement, « mais quand le jeu, les femmes, les affaires ne le fournissent plus, ils escroquent, ils volent, ils assassinent ». En 1790, un ancien officier, M. Boissimène de Campaigne, fait le relevé des procès criminels au Châtelet et il constate que « depuis Chabert qui a tué son père, il y a seize ans, jusques à l'homme qui a été exécuté six mois avant la Révolution, tous étaient des engagés volontaires ».

Les recruteurs entretiennent des racoleurs qui font ce qu'on appelle « le pavé », et reçoivent 3 louis par homme embauché. Le quartier général de ces trafiquants de chair humaine se tient à Paris, sur le quai de la Ferraille. « Les plus huppés y avaient leurs boutiques, au dessus desquelles flottait un drapeau armorié qui leur servait d'enseigne. L'un deux avait même fait écrire

1. *Mémoire sur les abus du recrutement dans Paris*, par un ancien officier, M. Boissimène de Campaigne, 24 novembre 1790 (carton Recrutement, 1734-1790).

2. Deuxième mémoire de M. Boissimène de Campaigne, *Observations sur le mode de recrutement dans Paris* (carton Recrutement, 1734-1790).

sur sa porte : « Le premier qui fut roi fut un soldat heureux. » Rien n'est plus pittoresque et plus populaire que le type de racoleur. Les gravures, le théâtre, les écrits de tous genres nous le montrent, le chapeau à plumes sur l'oreille, l'épée à la hanche, le verbe haut, la figure souriante, appelant à haute voix les jeunes gens, les prenant sous le bras, les invitant à venir boire avec lui (1)... »

A côté des bas-officiers et officiers recruteurs, à côté des racoleurs qui leur servaient de rabatteurs dans leur chasse à l'homme, nombre de régiments entretenaient à Paris des « préposés au recrutement ». Ces agents, « quoique n'étant pas engagés et ne tenant à aucun corps », revêtaient l'uniforme de bas-officier. Leur conduite donnait lieu aux plus graves abus. « Les préposés, disait M. d'Autichamp, dans un rapport rédigé pour le conseil de la guerre, le 31 janvier 1789, les préposés n'étant point engagés ne sont soumis à aucune police. Il leur est libre de changer chaque jour de recruteur ; ils ne sont pas même obligés d'avertir celui qu'ils quittent, qu'ils s'engagent avec un autre. Cependant plusieurs régiments confient à ces hommes des sommes assez considérables (2). »

L'ordonnance du 25 mars 1776 avait fixé le prix des engagements à 92 livres pour l'infanterie française, 120 livres pour l'infanterie étrangère, 132 livres pour la cavalerie, 111 livres pour les dragons et hussards. Dans la réalité, ces chiffres étaient toujours dépassés, et cependant les engagements devenaient plus difficiles d'année en année. Dans un mémoire adressé au ministre de la guerre, le 5 mai 1780, le chevalier de Preud'homme de Borre, brigadier des armées du roi, disait : « On trouve aujourd'hui la plus grande difficulté à faire des recrues... et l'espèce des recrues que l'on fait sont encore par surprise ou en enivrant les hommes, et elles sortent de la plus vilaine classe du peuple (3). » L'auteur d'un mémoire présenté au maréchal de Ségur, vers 1784, se plaint que « les recrues sont plus rares que jamais

1. *La Vie militaire sous l'ancien régime, les soldats*, par M. Babeau.
2. Carton Recrutement (1775-1790).
3. Carton Masse, solde.

et l'espèce en est mauvaise » (1), et le comte de Custine déclare, dans un mémoire du 30 décembre 1787 « qu'il est impossible aujourd'hui de recruter les troupes » (2).

Paris et les grandes villes fournissent chaque année les deux tiers environ des recrues. Les paysans n'entrent dans la composition de l'armée que pour un tiers. Dans l'infanterie même, on ne compte qu'un campagnard pour trois citadins. La ville de Paris fournit à elle seule 5 000 à 6 000 hommes. Presque tous sont des libertins ou des misérables, engagés le plus souvent par des moyens honteux ou criminels, et un officier d'expérience, Jabro, pourra écrire sans paradoxe, vers 1784 : « Il n'y aurait pas d'armée en France si la corruption n'y était extrême ou si la tête n'avait tourné à 400 000 hommes (3). »

Les régiments de dragons, « plus flatteurs pour la jeunesse » (4), par l'élégance de leur uniforme, attirent davantage les recrues que les régiments de cavalerie et surtout que les régiments d'infanterie. Aussi, les recruteurs ne se font point faute de changer l'affectation des hommes, suivant les besoins des corps. Ils trafiquent entre eux sans scrupule des engagements. Telle recrue qui croit entrer dans les dragons passe aux mains d'un recruteur qui l'affecte à un régiment d'infanterie ; telle autre tombe, de main en main, au pouvoir d'un recruteur qui la dirige sur un port de mer et la livre, au mépris de ses promesses, au corps royal de la marine.

Lié au service militaire par les « ruses, la boisson, la tricherie et la mauvaise foi » (5), le nouveau soldat arrive au régiment avec l'amer regret du coup de tête auquel il a cédé dans un moment d'égarement et avec la pensée de recouvrer au plus tôt sa liberté. Les plus heureux, ceux que leur famille n'aura pas aban-

1. Carton Recrutement (1775-1790).

2. *Mémoire sur la manière de composer l'armée en hommes propres aux différents services et de la recruter* (carton recrutement, 1775-1790).

3. *Mémoire sur le recrutement des troupes et la forme des corps* (carton Recrutement, 1775-1790).

4. *Observations sur le travail des recrues dans Paris*, 1789 (carton Recrutement, 1775-1790).

5. *Des Causes de la désertion et de la maladie des soldats en France*, par le maréchal de camp baron DE VIETINGHOFF, 25 octobre 1783 (carton Police et discipline, 1770-1790).

donnés, obtiendront à prix d'argent, au bout de quelques années, leur congé de grâce ; les autres attendront avec impatience leur libération, lorsqu'ils ne céderont pas à la tentation de déserter en réfléchissant à la misérable vie qui leur est faite.

La vie intérieure et la discipline. — Tous les mémoires du temps s'accordent à dépeindre les casernes de la fin du dix-huitième siècle comme « d'honorables prisons dont l'intérieur ne répondait pas à l'extérieur. Il ne fallait pas pénétrer dans ces édifices de grande apparence qu'on pourrait qualifier de sépulcres blanchis. Le bon air n'entrait pas à l'intérieur (1). » Les soldats sont entassés dans les chambrées aux plafonds écrasés, aux fenêtres basses et étroites. Ils couchent par trois dans l'infanterie, par deux dans la cavalerie, et « cette promiscuité cause fréquemment des maladies qu'ils se communiquent les uns aux autres en cachant plusieurs jours leur mal par la crainte et l'horreur qu'ils ont des hôpitaux, dont la plupart sont aussi mal administrés que malsainement situés (2) ».

La solde, de 6 sols 4 deniers dans l'infanterie, un peu plus forte dans la cavalerie, est presque entièrement absorbée par les prélèvements en usage dans les corps. Le nouveau soldat sera longtemps avant de pouvoir améliorer par son travail au dehors la maigre nourriture que lui assure cette solde insuffisante. Le pain et l'eau forment la base de cette nourriture. Composé de deux tiers de froment et d'un tiers de seigle, le pain est délivré au soldat tous les deux jours. La ration journalière, d'une livre et demie ou de 24 onces, lui paraîtrait suffisante si le pain n'était pas fait « sans départ du gros son... Ce rebut qui n'est que l'écorce du grain, n'ayant aucune substance, ne peut lui faire un aliment solide, ne peut que l'affaiblir, préjudicier à sa santé et lui occasionner insensiblement les plus dangereuses maladies... Le soldat se trouve même d'autant plus malheureux qu'il ne peut souvent faire usage de son pain pour la soupe, par la raison que, le mélange du froment et du seigle n'étant sans doute pas fait dans les pro-

1. *La Vie militaire sous l'ancien régime, les soldats*, par M. Babeau.
2. Mémoire du baron de Vietinghoff.

portions fixées par l'ordonnance, il en résulte que le pain de munition ne peut tremper dans le bouillon (1)... » Dans un mémoire adressé au conseil de la guerre en février 1788, M. Majault, l'ancien chirurgien en chef de l'armée du maréchal de Broglie en 1761, alors chirurgien-major de la gendarmerie, attribue nombre de maladies à la nourriture défectueuse du soldat. « Le fond en est mauvais depuis longtemps que le prix des denrées est augmenté dans toutes les provinces, particulièrement en Flandre où les soldats ne peuvent mettre à la marmite que des têtes décharnées de bœuf ou de vache de la plus petite qualité. Encore n'ont-ils pas tous les jours cette ressource : le plus souvent, du lard en petite quantité et peu de gros légumes et, pour boisson, l'eau plus ou moins chargée de sélénite ; et du pain qui n'est pas constamment bien fait ni bien cuit et pas assez pour chaque individu. Ce régime ne les soutiendrait guère s'ils ne trouvaient pas parmi eux des camarades qui travaillent et payent le service que les autres sont obligés de doubler, ce qui fait encore une cause de maladie (2). » Dans les réclamations qu'ils adressent à l'Assemblée nationale, le 1er octobre 1789, pour le bien-être du militaire français, les bas-officiers de la garnison de Lille s'élèvent avec force contre la modicité de la paye du soldat et sa mauvaise nourriture : « La paye du soldat est insuffisante pour le soutenir ; nous n'en détaillerons pas les objets, ils sont assez connus par le travail de messieurs nos officiers. Nous nous contentons de représenter qu'il faudrait au moins 2 sous de plus par jour à chaque soldat, en augmentant progressivement les différents grades, et une demi-livre de pain. Il est constamment prouvé que la moitié des hommes a totalement consommé le sien au troisième et quatrième jour, tant la ration actuelle est insuffisante, surtout lorsque les hommes fatiguent et malgré les moyens qu'on a employés pour y remédier en faisant manger le pain en commun dans les chambrées. Des 2 sous d'augmentation, qu'il en soit mis 10 deniers à l'ordinaire et 14 au décompte du linge et de

1. *Réflexions sur les causes de la mauvaise qualité du pain de munition que l'on fournit aux troupes du roi,* par M. Brossard de Saint-Gilles, vers 1788 (carton Administration militaire).

2. Carton Hôpitaux, hygiène.

chaussure. Cela donnerait aux soldats la possibilité de s'entretenir sans être, comme aujourd'hui, exposés à doubler ou tripler leur service ou à travailler le plus souvent à des ouvrages vils et dégradants (1). » Le 18 janvier 1790, le comte de Jumilhac dénonce au ministre de la guerre les conséquences funestes de l'insuffisance de la paye attribuée aux soldats : « Pour dire en un mot pourquoi le soldat ne s'engage et ne se rengage point, ce n'est point à cause de la dureté de la discipline ni du changement des manœuvres, mais c'est parce qu'il meurt de faim et que le premier besoin de la nature est d'être nourri, ce qui ne peut être avec la paye qu'il a et la cherté des denrées (2). »

Le soin de discipliner et d'instruire le soldat ou le cavalier est abandonné à un caporal ou à un sergent dans l'infanterie, à un brigadier ou à un maréchal des logis dans la cavalerie. Ils le font souvent avec dureté, avec brutalité. La discipline allemande que M. de Saint-Germain a introduite dans nos troupes ne convie que trop les instructeurs à user et à abuser des châtiments corporels. Quand il est question de punitions, leur imagination se donne carrière : « Cachots, salle de discipline, piquets, coups de plat de sabre, courroies, verges, bâton, fers, sont employés sans que celui qui les ordonne consulte auparavant le caractère du soldat, si c'est une première faute ou une récidive réfléchie, s'il a ou n'a pas réellement tort. Il dit : « Telle, me rapporte-t-on, est la faute, « tel doit être le châtiment. C'est l'ordonnance, et, si elle ne pro- « nonce pas, telle est ma volonté. C'est moi qui suis la loi. » Et ces châtiments s'infligent en public, et vous voulez avoir des soldats bien élevés, obéissants, délicats, qui lèvent hardiment la tête, ayant un port noble et des vertus, tandis qu'il n'en est aucun qui ne recule d'horreur, pas un bon citoyen dont le cœur ne se soulève, en voyant donner ces punitions barbares et très dégoûtantes qui n'auraient jamais dû être infligées à des Français et ont dégradé l'armée à ses propres yeux (3). »

A la vérité, les coups de plat de sabre, « aussi pesamment

1. Carton Masse, solde.

2. Carton Cavalerie, artillerie, étapes.

3. Mémoire du sieur France de la Gravière, capitaine des troupes provinciales, sur un nouveau recrutement de l'armée, 1er avril 1790 (carton Recrutement [1734-1790]).

appuyés, que légèrement ordonnés » (1), devenus une punition courante dans l'infanterie, sont beaucoup plus rarement appliqués dans les troupes à cheval. Mais il suffit que le soldat soit exposé à ce châtiment dégradant, contraire aux traditions et aux mœurs militaires, pour qu'il se révolte, déserte ou parfois se suicide. Mais, encore une fois, dans les troupes à cheval le fait est très rare.

« Après le malheur de recevoir des coups de plat de sabre, la plus grande infortune serait pour moi d'avoir à en ordonner », écrit un colonel. Et jamais dans son régiment aucune punition corporelle n'est prescrite. Une seule fois, elle l'est, par ordre exprès du ministre. Le lendemain, l'homme a déserté, avec la connivence de ses camarades, peut-être aussi de ses chefs.

En dehors des exercices où l'on fait trop souvent de lui un automate, à l'imitation des méthodes prussiennes, en dehors du manège où on le traite en « écolier perpétuel », le soldat est abandonné à lui-même et ne sait quel emploi faire de son temps. Pendant la saison de l'automne et celle de l'hiver, où la retraite est battue à 4 heures et demie, les longues soirées sont pour lui pleines d'ennui. « A quoi peut-il s'amuser ou se distraire jusqu'au moment du coucher dans une chambre sombre, sans feu et lumière, hormis une petite méchante lampe dont l'huile est puante et qui infecte toute la chambrée pendant toute la nuit ? (2) »

Jamais on ne lui parle de la noblesse de sa profession, jamais on ne cherche à élever ses sentiments. « Nulle instruction morale qui excite l'homme soldat, et surtout la recrue, au courage et qui lui inspire la fidélité à son souverain, de l'attachement à son état, l'amour de sa patrie, la gloire et l'honneur de sa nation, la subordination la plus exacte, l'obéissance la plus scrupuleuse et la crainte et la soumission pour ses officiers et supérieurs (3). » En dehors de la caserne, les soldats n'ont point la ressource de

---

1. Plan d'une nouvelle constitution militaire proposé à l'Assemblée nationale le 14 septembre 1789 par le capitaine d'artillerie Rollée de Baudreville (carton Recrutement [1775-1790]).

2. Mémoire du baron de Vietinghoff.

3. *Ibidem.*

fréquenter les compagnies honnêtes. « Les citoyens d'un certain rang évitent de se trouver avec eux, ne les méprisent pas, mais les dédaignent[1]. » On les considère dans le vulgaire « comme une espèce d'hommes très dangereuse ». Il n'est point rare de voir les paysans dans la campagne se cacher à la vue d'un uniforme. Le bourgeois ne professe pas une aversion moindre pour le militaire, « et c'est un péché si honteux d'être soldat qu'il n'y a pas de mince particulier qui ne regarde son fils engagé comme l'opprobre de sa famille » [2]. A l'entrée de certains lieux publics est affichée l'outrageante inscription : « Ni chien, ni fille, ni soldat. »

Tenu à l'écart par ses concitoyens, le soldat n'a d'autre fréquentation que les cabarets et les lieux de débauche. Au témoignage du chirurgien-major de la gendarmerie, M. Majault, les maladies vénériennes font dans les rangs de l'armée des ravages effrayants. Il évalue à 10 000 le chiffre annuel des vénériens traités dans les hôpitaux militaires depuis 1779 jusqu'en 1783, et il établit ce chiffre sur des bases qui semblent irréfutables [3].

Aucune émulation ne sollicite l'activité du soldat. De longs services, le grade de bas-officier, le conduiront le plus souvent aux Invalides pour toute récompense. L'espérance de l'avancement ne le soutient pas, car « si, de mille soldats, un devient officier, ce n'est pas un exemple à citer », écrit Puységur en 1788 [4]. Quoi d'étonnant qu'avec cet horizon limité, le spectacle de leur misère, les soldats envisagent leur sort d'un œil désespéré et cèdent souvent à la tentation de déserter? Ils se disent entre eux : « Nous ne saurions être pis ; mal nourris, mal vêtus, continuellement tourmentés, injuriés, souvent battus, humiliés par nos compatriotes, nous ne pouvons qu'être mieux au service étranger où nous jouirons d'une paye plus forte, où nous serons mieux nourris, mieux vêtus, pas plus maltraités et point humiliés. C'est

1. Memoire déjà cité du sieur France de la Gravière.

2. Mémoire de Jabro sur le recrutement des troupes et la forme des corps, vers 1784 (carton Recrutement [1775-1790]).

3. Carton Hôpitaux, hygiène.

4. Dans un mémoire sur la nécessité et la forme d'une nouvelle constitution militaire, mémoire cité par M. Babeau au cours de son ouvrage *la Vie militaire sous l'ancien régime, les soldats*.

ainsi qu'ils le pensent. Ils partent de là pour s'en aller lorsqu'ils trouvent une occasion qui leur fait espérer de ne pas être arrêtés (1). » Si la désertion, qui a atteint des proportions effrayantes sous le ministère et à la suite des réformes de Choiseul, a sensiblement diminué sous ses successeurs, elle sévit encore dans les rangs de l'armée, vers la fin de l'ancien régime, à l'égal d'un fléau. Le baron de Victinghoff évalue, en 1783, à près de 8 000 à 10 000 hommes la perte annuelle qu'elle occasionne au royaume. Le ministre de la guerre, M. de Ségur, conteste l'exactitude de ce nombre et prétend que le chiffre reconnu des déserteurs ne dépasse pas 4 000 hommes par année. En réfutant l'assertion du ministre, M. de Vietinghoff établit par les preuves suivantes la justesse de ses calculs : « 1° Il n'y a qu'un tiers et demi des régiments qui ont envoyé des signalements au ministre, et ceux-là mêmes n'ont pas exactement dénoncé tous les hommes désertés, par des raisons et motifs de considération, de protection, de charité mal placée et de tant d'autres ; 2° tous les régiments suisses, allemands, irlandais et hussards n'envoient jamais de signalements, excepté deux ou trois ; 3° parmi ces régiments étrangers, la désertion doit être du double plus considérable, eu égard à leur composition ; 4° pendant les cinq années de guerre (avec l'Angleterre) il y a eu près de 40 000 hommes hors du royaume et dont on ignore la désertion ; 5° la plus grande partie de l'armée s'est trouvée, pendant les cinq années de guerre, sur les côtes et éloignée des frontières d'Allemagne et des Pays-Bas où la désertion est toujours infiniment plus forte par le manque de précautions, sur les frontières, des commandants des places et des chefs de corps, et la proximité des pays étrangers qui excite encore davantage le soldat à la désertion ; 6° les déserteurs du corps royal d'infanterie de la marine ne sont pas compris dans l'état du signalement ci-dessus. Moyennant quoi, on peut hardiment doubler et même tripler la somme des déserteurs ; donc le résultat sera, comme je l'ai avancé dans ma lettre, entre 8 000 et 9 000 par an. »

1. Mémoire envoyé à M. d'Autichamp par M. de Rocreuse, vers 1785 (carton Vues générales [1728-1792]).

L'officier. — Si nous passons maintenant à l'examen de la condition de l'officier, elle nous paraîtra, elle aussi, peu enviable. Dépourvu de garanties et livré à tous les hasards, à toutes les vicissitudes, l'officier est constamment exposé à perdre l'emploi qui le fait vivre.

Bien qu'on n'ait jamais pu parvenir à une organisation rationnelle de la cavalerie, on a vu, dans la longue série des transformations subies par l'arme, quel peut être le chiffre énorme des victimes de ces mesures brutales et maladroites. Que de carrières brisées par les réformes, les suppressions d'emploi, puis que de poussées hâtives d'avancement, compromettant les situations acquises, lorsqu'un ministre cède aux récriminations qui l'assaillent et augmente les cadres sans raison ni mesure ! En outre, la suppression de la vénalité des charges, décrétée sous le ministère du comte de Saint-Germain, est loin d'être entrée en vigueur dans la cavalerie, et le lieutenant trop pauvre pour acheter une compagnie ne peut prétendre au grade de capitaine. Jalouse de ses privilèges, irritée de l'infiltration des membres du tiers état dans ses rangs, la noblesse a fait rendre, le 22 mai 1781, une ordonnance prescrivant que nul ne pourrait être nommé sous-lieutenant ou élève d'une école militaire sans faire preuve de quatre quartiers de noblesse de père devant le sieur Chérin, généalogiste du roi. Cette mesure impolitique et maladroite vient trop tard pour produire les résultats qu'en attendent ses inspirateurs, et l'influence croissante de la riche bourgeoisie continue à ouvrir à ses fils les portes des écoles militaires et le grade de sous-lieutenant. Quant aux gentilshommes pauvres, leur avenir est presque toujours limité au grade de capitaine et à la croix de chevalier de Saint-Louis. La haute noblesse de naissance et de fortune arrive seule, ou presque seule, au commandement des régiments et au grade d'officier général. Pour la retenir au service, satisfaire son ambition, il faut multiplier les grades et accroître démesurément le nombre des officiers généraux. En 1787, la charge de colonel est le partage de 1 132 officiers[1] : « 1 261 lieutenants généraux,

1. Premier rapport de Guibert au conseil de la guerre, 28 octobre 1787 (papiers Guibert, carton n° 1).

maréchaux de camp ou brigadiers, composent en France un ensemble plus nombreux d'officiers généraux qu'il n'y en a dans toutes les armées de l'Europe réunies. De là le peu de considération de ces grades distingués et le dégoût qui en rejaillit sur les grades inférieurs, avec cependant la prétention universelle d'y parvenir ; de là l'embarras d'employer les officiers généraux à la paix, la surcharge qu'ils apportent dans les armées à la guerre ; la quantité et en même temps l'insuffisance de pensions, de traitements, de gouvernements, de grâces de toute espèce qui ruinent les finances du roi (1). » La maison du roi accapare dans l'avancement une « part dévorante ». Elle fournit 49 lieutenants généraux et 91 maréchaux de camp, « ce qui fait plus d'officiers généraux que n'en a toute l'armée prussienne » (2). Abstraction faite des officiers en pied, on compte dans l'armée, en 1787, 1 177 lieutenants ou sous-lieutenants de remplacement (grade sans emploi, s'acquérant par faveur) et 1 147 capitaines de remplacement, avec finance et sans finance. Ce sont ces derniers qui, dans la cavalerie, enlèvent aux lieutenants toutes les places de capitaine.

En vain le conseil de la guerre entreprit d'élaguer ces emplois inutiles et d'établir une règle dans les promotions faites jusqu'alors sans ordre et sans limites. Après avoir proclamé hautement la nécessité « d'empêcher la fluctuation continuelle des principes, d'opposer une digue aux prétentions et aux demandes de la faveur ; de s'occuper d'abord de la réforme des emplois inutiles et de doubles emplois en tous genres, des règles à établir pour les promotions et les nominations aux emplois », il se vit forcé de fléchir « sous l'inconcevable, perpétuelle et dangereuse puissance de la haute noblesse » (3). L'ordonnance du 17 mars 1788 sur la hiérarchie, « faite par des hommes d'expérience mais qui avaient dû sacrifier aux préjugés de caste, avait gardé à la noblesse tous les emplois d'officier au-dessus du grade de lieutenant. Elle n'avait même pas supprimé les distinctions entre la noblesse pauvre et la haute noblesse. A celle-ci revenaient en totalité les premières

1. Premier rapport de Guibert au conseil de la guerre, 28 octobre 1787.
2. *Ibidem.*
3. *De l'avancement militaire dans l'intérêt de la monarchie,* par le général Préval.

charges militaires : par les emplois de remplacement, maintenus en sa faveur, le grade de major en second créé pour elle seule, elle pouvait arriver en neuf ans au grade de colonel. Les nobles sans fortune ne pouvaient parvenir au grade de major avant vingt ans de service, et leur avancement, à de rares exceptions près, devait être limité au grade de lieutenant-colonel. L'ordonnance maintenait les preuves de noblesse pour devenir officier. Ses rédacteurs croyaient avoir assez fait pour le tiers état en permettant aux officiers de fortune d'obtenir, après une action d'éclat, le grade de capitaine en second » [1] et en réservant dans chaque régiment aux bas-officiers quelques places de sous-lieutenant.

A la veille de la Révolution, un abîme reste donc ouvert entre le bas-officier et l'officier. L'abîme qui sépare ce dernier du soldat est encore plus profond. Depuis qu'ils n'ont plus l'entretien de leurs compagnies, les capitaines ont cessé de s'intéresser au sort de leurs hommes. « ...La plus grande partie, écrit le baron de Vietinghoff en 1783, ne s'appliquent point à étudier le caractère, à connaître les besoins et les chagrins de chacun de leurs soldats de la compagnie, et ne s'entretiennent jamais avec eux pour les aider, les consoler et les porter au bien, ne leur parlant qu'avec humeur, hauteur, mépris et indifférence et le moins qu'ils peuvent. » Rien n'attache le soldat à cet officier qui n'a de rapports avec lui que pour le commander ou pour le punir, et « jamais, dit M. Babeau, il n'y avait eu moins de confiance et de familiarité entre les chefs et leurs subordonnés qu'au moment où les doctrines d'égalité pénétraient de toutes parts dans les esprits » [2].

L'instruction et la préparation à la guerre. — En 1789, l'armée rachetait-elle ses vices constitutionnels par son instruction et sa préparation à la guerre ? Nous ne le pensons pas. Pour la cavalerie, qui nous occupe spécialement, nous croyons pouvoir affirmer qu'une guerre l'aurait trouvée fort au-dessous de sa tâche. Manque d'instruction, absence d'uniformité dans les manœuvres, faiblesse des effectifs, tels sont les reproches qui lui

1. *Notice historique sur l'avancement dans l'armée depuis la Révolution jusqu'à nos jours* (rédigée par la Section historique en 1903).

2. *La Vie militaire sous l'ancien régime, les officiers.*

sont adressés par les écrivains militaires du temps. Suivant un mémoire rédigé vers 1780, « cette troupe, ainsi que l'infanterie, sont infiniment au-dessous de ce qu'elles étaient sous M. de Choiseul, ou, pour mieux dire, elles sont méconnaissables [1] ». Les principes adoptés pour l'instruction des régiments diffèrent suivant les inspecteurs et les colonels. Il n'est pas un de ces derniers « qui ne vous dise : « J'ai mes principes, mon instruction, mon code de punition, ma manutention de finance, d'habillement, ma discipline et police particulières, ma manière de nourrir les chevaux, celle de faire faire des remontes et des recrues [2]. »

Les régiments de cavalerie ne peuvent mettre en ligne plus de 300 hommes dans les derniers camps assemblés sous l'ancien régime. « Je vois, écrit un officier vers 1785, que la composition de nos corps, surtout des régiments à cheval, est d'une faiblesse presque ridicule ; que, quand on parle de les faire marcher pour un rassemblement, on est obligé de ne compter la force de chacun que sur le pied de 300 hommes, encore sont-ce les plus complets ; qu'une augmentation considérable, qui les porterait à une raisonnable composition, amènerait dans l'instruction, dans la discipline de ces régiments, un désordre qu'il faudrait des années entières pour réparer [3]. » Vienne la guerre : ces faibles régiments ne pourront opposer à l'ennemi plus de 350 sabres. Leur mobilisation sera d'une lenteur sans exemple. Il leur faudra faire venir d'Allemagne leurs chevaux de remonte, incorporer un tiers et même une moitié de miliciens pour atteindre le plus petit pied de guerre. L'auteur d'un mémoire sur l'armée française exprime ainsi ses craintes, en 1785, dans l'éventualité d'une guerre : « Quand on réfléchit qu'il faudrait six mois de préparation pour entrer en campagne avec des régiments composés de moitié de recrues, de moitié de chevaux de remonte, pour aller se mesurer avec les armées du roi de Prusse ou de l'empereur, l'on est effrayé des suites funestes que pourrait avoir

1. Mémoire sur la constitution militaire (carton Constitution et organisation).

2. *Mémoire sur différents abus des troupes*, novembre 1784 (carton Police et discipline [1691-1789]).

3. *Mémoire sur quelques points relatifs à la constitution militaire de France*, vers 1785 (carton Constitution et organisation).

une pareille guerre [1]. » L'infériorité de notre cavalerie vis-à-vis des cavaleries étrangères, son peu de préparation à la guerre, font aussi l'objet des réflexions suivantes du marquis de Toulongeon, commandant les troupes en Franche-Comté au début de la Révolution : « Il est un point essentiel qui, j'ose le dire, n'a été jusqu'ici qu'entrevu : c'est l'instruction des troupes à cheval en temps de paix. D'abord on a voulu faire des écuyers. Successivement l'instruction est tombée presque à rien, et jamais je n'ai vu la cavalerie instruite d'après des principes faits pour lui assurer du succès à la guerre.

« J'ai vu aussi, comme beaucoup d'autres curieux, les meilleures cavaleries de l'Europe et nommément la cavalerie prussienne qui, sans doute, est la première de toutes. J'ai vu peu de rectitude, mais de l'ensemble, ce qui peut seul s'allier avec la rapidité d'exécution nécessaire pour assurer du succès à la cavalerie. Que faire d'une cavalerie pesante que les moindres obstacles embarrassent, que la timidité retient ? Nos officiers, nos cavaliers craignent leurs chevaux, les mènent mal. Nos manœuvres sont compliquées, inutilement multipliées ; elles dérivent toutes de principes qui tendent à une rectitude, à une précision qui, ne fût-elle pas chimérique, est bien certainement préjudiciable à la célérité qui doit être le principe des manœuvres de cavalerie.

« Un petit nombre de principes, mais assurés et uniformes, donneraient le peu de manœuvres nécessaires à la guerre. Une instruction suivie avec méthode et poussée vivement peut mettre en six mois la généralité des hommes de recrue en état d'entrer à l'escadron. Des rassemblements, ne fussent-ils pas très nombreux, formeraient les officiers particuliers et les officiers généraux.

« *Notre cavalerie est en arrière de celles que nous pouvons avoir à combattre à un point effrayant.* Cependant, nous pouvons avoir de meilleurs chevaux et des cavaliers qui ne le céderaient aux leurs ni en intelligence ni en adresse.

« Il en faut nécessairement donner d'autres (principes généraux) si l'on veut enfin que notre cavalerie devienne active, audacieuse

1. Carton Armée, organisation.

et manœuvrière. Les principes généraux deviendront l'élément des manœuvres nécessaires à la guerre. Il ne faut pas passer ce but, parce qu'il est le seul que l'on doive se proposer d'atteindre.

« ...Depuis dix-huit mois, les troupes à cheval ont reçu du Conseil de la guerre l'instruction jusqu'à l'école d'escadron. Rien de plus. Par conséquent, aucuns moyens pour faire manœuvrer ensemble seulement trois escadrons. Depuis dix-huit mois, la plupart des régiments de troupes à cheval sont dispersés, tous moyens d'instruction sont nuls pour eux. Puis donc qu'il faut leur donner des moyens de manœuvrer, il est temps de s'attacher à ceux qui sont simples, faciles et vraiment militaires. Nous espérons la paix, mais, si la guerre nous était réservée, je défie que deux régiments de troupes à cheval puissent manœuvrer ensemble [1]. »

« Un des plus grands inconvénients de la cavalerie, dit un mémoire daté de 1781, vient de la manière dont les officiers des différents régiments montent à cheval et sont montés. La majeure partie est à cheval de façon à être embarrassée de leurs chevaux, et ils en ont souvent de si mauvais qu'avec le peu d'assurance qu'ils ont déjà, il est impossible qu'ils commandent et soient occupés de leur besogne, parce qu'ils le sont de leurs chevaux au point que cela fixe toute leur attention... Il n'est point de capitaine qui puisse mettre 25 ou 30 louis dans un cheval. » L'officier n'est point aidé pour la remonte et, comme le plus souvent il n'a pas de fortune personnelle, il est généralement plus mal monté que ses cavaliers.

Ceux-ci le sont d'ailleurs peu brillamment.

Les remontes. — Le prix des chevaux avait été fixé à :

450 livres pour la cavalerie,
400 — les dragons,
350 — les chasseurs et hussards.

Il était notoirement insuffisant et chaque régiment, chargé des achats sur les fonds de la masse générale, avait été amené à

1. *Quelques réflexions sur l'armée*, novembre 1790 (carton Constitution et organisation).

constituer une *masse noire,* qui lui permettait de majorer les prix de 100 à 150 livres. Il y avait là une source grave d'irrégularités administratives.

Même dans ces conditions, la remonte en chevaux français était difficile, et les achats à l'étranger effectués surtout depuis 1685 par l'administration de la guerre, qui opérait par marchés généraux, devaient y suppléer dans une grande proportion. Ils étaient d'ailleurs encouragés par la dispense des droits de douanes sur les animaux destinés au service militaire. De là provenait une concurrence désastreuse pour l'élevage national, dont la situation était d'ailleurs fort peu prospère.

Malgré les efforts de Colbert [1] pour favoriser la production chevaline, celle-ci était restée assez au-dessous des besoins pour qu'on pût évaluer à plus de 100 millions de livres les sommes qui étaient sorties de France en vue de subvenir aux besoins en chevaux causés par les campagnes de 1688 et de 1700 [2]. A la fin du règne de Louis XIV, la situation était devenue critique, et l'un des premiers actes du gouvernement de la Régence avait été la réorganisation des haras par le Règlement et l'Instruction des 22 et 28 février 1717 [3]. La monte était devenue le privilège exclusif, soit de l'administration confiée aux Intendants des provinces, soit de propriétaires dits « gardes-étalons », soumis à des inspections périodiques. Ces mesures prohibitives avaient eu le plus fâcheux effet, surtout par suite de l'ignorance et de la négligence des Intendants. On crut y remédier en réunissant à la charge du Grand Écuyer les généralités de Rouen, Caen, Alençon, et Limoges. Mais l'hostilité des Intendants contraria la plupart des mesures favorables qui furent prises [4]. Sur le conflit permanent entre ces deux administrations vint se greffer le différend que suscita le privilège concédé à diverses provinces d'administrer elles-mêmes leurs haras, et celles-ci, n'ayant en vue que la consommation courante, réussirent à produire un très grand nombre de chevaux communs, sacrifiant de propos délibéré la

1. Ordonnance du 17 octobre 1665.
2. Du Crosco, *Mémoire sur les haras,* Paris, 1771.
3. De cette époque date le haras du Pin : celui de Pompadour fut créé par Choiseul.
4. *Instruction sur les haras.* Anonyme, Paris, 1789.

qualité à la quantité et la régénération des races aux besoins journaliers du commerce et de l'agriculture.

L'impossibilité d'appliquer intégralement le règlement de 1717 avait amené une tolérance, qui se traduisait en 1789 par la situation générale suivante :

Les étalons formaient trois classes.

La première, de beaucoup la moins considérable, appartenait au gouvernement et était placée dans les haras.

La seconde était celle des étalons, dits « étalons royaux », possédés par les gardes-étalons à des conditions particulières. Leur nombre était d'environ 700.

Enfin, les étalons « approuvés » formaient la classe la plus nombreuse. La généralité de Paris entretenait un dépôt central à Asnières, contenant habituellement 40 chevaux et autant de juments. Ce dépôt fut plus tard transféré à Craye.

Les différents dépôts comptaient 365 étalons, 811 appartenaient à l'administration ou aux états, et 2 124 étaient des propriétés particulières. Le total des étalons reconnus et approuvés, qu'on employait à la reproduction en France, était de 3 300 (1).

Mais aucune méthode n'avait dominé ces institutions, et le choix des reproducteurs s'était fait de la plus déplorable façon.

En Normandie, où les espèces danoise, holsteinoise et mecklembourgeoise avaient gâté complètement la race, on introduisait au hasard le sang anglais, et parfois des étalons espagnols, des turcs ou des barbes. La magnifique espèce limousine, tout à fait analogue dans ses origines au pur-sang anglais et qu'un peu de soin aurait peut-être rendue supérieure à ce dernier, était en pleine décadence par suite de croisements irraisonnés. La race Lorraine était presque éteinte depuis le règne de Louis XIV. Celles de Bourgogne, du Bourbonnais, de Navarre, avaient dégénéré et perdu la taille qui permettait auparavant d'en faire des chevaux d'armes. Dans l'Ouest pourtant, particulièrement en Poitou, de réels progrès avaient été faits, dont les troubles ultérieurs anéantirent pour longtemps les résultats.

---

1. *De l'Éducation des chevaux*, par DE ROCHAU, Paris, 1828 ; et *Institutions hippiques*, par DE MONTENDRE, Paris, 1840.

D'une façon générale, on peut donc dire qu'à la veille de la Révolution la remonte des troupes à cheval en France était franchement mauvaise et que, seuls, les régiments stationnés dans l'Est et qui tiraient leurs chevaux d'Allemagne avaient des montures passables. La grande majorité était constituée par des animaux lourds, communs, peureux et rétifs, atteints de pousse, de fluxion périodique ou de cornage, très retardés dans leur développement, gros mangeurs et s'usant rapidement en campagne.

D'autre part, « le peu de soins qu'on donne généralement aux chevaux et même à ceux de remonte en fait périr beaucoup. Les chevaux sont pansés, mais ce n'est pas tout. Le grand mal, c'est qu'ils sont entassés dans les écuries, souvent faute de places. Ils ne sont pas barrés, de là les accidents multipliés et qui deviennent très dispendieux. J'ai inspecté, il y a deux ans, un régiment qui, dans quatre mois, a perdu 5 chevaux et 3 hommes par des coups de pied. Les chevaux ne sont pas attachés à deux longes : ils boivent, ils mangent ensemble par ordinaire, de trois en trois. Les plus avides mangent en partie la part de ceux qui le sont moins. Cette communauté de nourriture, ce frottement continuel occasionné par la trop grande proximité, produisent la communication des maladies contagieuses. Je doute qu'à ce moment il existe plusieurs régiments qui ne soient infectés de la morve [1]. »

Poids porté, harnachement, habillement. — Lorsqu'on faisait porter à de pareils chevaux le poids fantastique de 350 livres, on s'explique le peu de goût et d'aptitude des cavaliers de l'époque pour les allures vives et les passages en terrain difficile.

La selle à la française était lourde, mal construite, blessant facilement et peu pratique pour le cavalier, qu'on tenait trop droit et les jambes loin du cheval par suite de la place défectueuse du porte-étrivière. L'obligation d'avoir les fontes découvertes avait

1. *Quelques réflexions sur l'armée*, par le marquis de Toulongeon, commandant les troupes en Franche-Comté, Besançon, le 29 novembre 1790 (carton Constitution et organisation).

conduit à porter le manteau derrière, mais on y joignait un énorme ballot de poids et de volume excessifs. Le fusil placé à la botte droite blesse le cavalier et lui brise la jambe en cas de chute. Le sabre au ceinturon est bruyant, gênant pour le bras gauche si la petite bélière est trop courte, difficile à saisir, si elle est trop longue. La grosse botte de la cavalerie est lourde et rend l'homme incapable de marcher. L'uniforme de la cavalerie et des dragons, habit bleu ou vert, veste et culotte blanches, est élégant, mais salissant au possible. Celui des chasseurs et des hussards, surchargé de tresses et d'attributs inutiles, comporte la culotte collante, gênante et fragile. L'usage des cheveux longs, de la queue ou des cadenettes, est malpropre et peu pratique.

Comme coiffure, le chapeau de la cavalerie est commode; le casque des dragons est encore bien équilibré et relativement peu visible; celui des chasseurs, en cuir bouilli avec chenille noire se terminant en pointe devant et derrière, est une des meilleures coiffures que les troupes à cheval aient portée. Le bonnet des hussards, sans visière ni couvre-nuque, est au contraire la plus mauvaise de toutes.

Bien que toujours réglementaire dans la cavalerie, l'usage du plastron et des bandes de fer à l'intérieur du chapeau est tombé en désuétude. Un seul régiment, celui des cuirassiers, qui deviendra le 8e de cavalerie, a conservé la cuirasse.

Armement de la cavalerie en 1789. — Les régiments de cavalerie ont le sabre, le mousqueton, deux pistolets, le plastron et la calotte de fer. Seuls, avons-nous dit, les officiers et le régiment des cuirassiers du roi portent la cuirasse complète.

Les dragons et les chasseurs ont le sabre, un fusil avec baïonnette, un pistolet et un outil. Les fourriers et maréchaux des logis sont armés de deux pistolets, sans outil. Depuis 1779, les officiers ont cessé d'avoir des fusils. Les dragons et chasseurs portent le casque. Les hussards ont le sabre, le mousqueton et deux pistolets.

Voici quelques renseignements sur les armes offensives de la cavalerie.

Sabre. — Les régiments de cavalerie ont le sabre de 36 pouces de long, avec le fourreau d'une seule pièce de cuir fort.

Le sabre des dragons et des chasseurs, de même longueur, a la pointe relevée.

Les hussards sont armés du sabre à la hongroise, la lame à dos, pleine et courbe, cambrée de 2 pouces, longue de 33 pouces et demi.

Mousqueton. — Cette arme est du modèle de 1786. Le canon est long de 2 pieds 2 pouces ($70^{cm},37$); le calibre de 7 lignes 7 points ($1^{cm},71$). Platine ronde, bassinet en cuivre, batterie à retroussis. La baguette frappe sur la plaque de couche, qui sert de taquet. Poids : 6 livres 8 onces ($3^{kg},650$).

Pistolet. — Le pistolet est dit pistolet à coffre, modèle 1777. Canon rond, long de 7 pouces ($18^{cm},95$), ayant 7 lignes 7 points ($1^{cm},71$) de calibre. Les pièces intérieures de la platine sont disposées comme celles du pistolet à l'écossaise : le bassinet est en cuivre, le chien rond et à gorge. Baguette d'acier à tête de clou. Poids : 2 livres 14 onces ($1^{kg},407$).

Fusil des dragons. — Du modèle de 1777. Canon long de 40 pouces ($1^{m},082$), ayant 7 lignes 9 points ($1^{cm},75$) de calibre. Platine du fusil d'infanterie de la même année. Baguette d'acier, baïonnette à lame d'acier, à douille et virole en fer. Poids : 9 livres 8 onces ($4^{kg},650$)[1].

Conclusion

Si, dans la dissolution complète où devait tomber l'armée royale, on ne voyait que les causes signalées ci-dessus et si souvent invoquées du mauvais recrutement des hommes, de l'esprit aristocratique des officiers, de la dureté de la vie journalière et de la rudesse de la discipline, on n'expliquerait pas en réalité

1. Les renseignements sur les armes à feu sont empruntés au *Mémoire sur la fabrication des armes portatives de guerre*, par M. Cotty, chef de bataillon au corps impérial de l'artillerie, à Paris, 1806.

les causes spéciales qui firent se désagréger la cavalerie presque aussi rapidement que les autres armes. Le cavalier, venant de la campagne plus souvent que dans les autres armes, est naturellement plus soumis, plus facile à dresser que le fantassin, tiré trop fréquemment de la lie de la population des villes ; la discipline est sensiblement moins brutale dans la cavalerie que dans l'infanterie, le régime est meilleur, la solde plus élevée, les officiers se montrent, peut-être plus encore qu'ailleurs, imbus des doctrines philosophiques et humanitaires de l'époque, les trois quarts sont francs-maçons, beaucoup sont roturiers, et c'est parmi eux qu'on trouve le plus d'écrivains apôtres du relèvement intellectuel et moral du soldat.

Pourquoi donc, dans la cavalerie, les manifestations violentes seront-elles au moins aussi rapides que dans les autres armes, pourquoi le fossé qui sépare l'officier de la troupe sera-t-il aussi profond ?

Pour une raison toute spéciale à l'arme, souvent et longtemps méconnue, mais dont une foule de témoignages ne permettent pas de méconnaître la gravité.

La réaction contre le pouvoir exclusif du capitaine-propriétaire avait eu pour objet de remédier à des abus dont nous n'avons pas cru devoir atténuer l'importance et qui étaient devenus tels que la cavalerie française paraissait, au moment de la guerre de Sept ans, un anachronisme en présence des autres cavaleries de l'Europe. Mais l'on peut se demander si l'on n'avait pas dépassé le but.

A l'autorité presque paternelle du capitaine, intéressé au bon recrutement, au bon entretien, à la conservation de ses hommes et de ses chevaux, avaient été substituées celles bien autrement rigoureuses des écuyers, des majors, des quartiers-maîtres, des adjudants et la centralisation excessive de tous les pouvoirs entre les mains du colonel. Les uns, ayant à dresser des hommes qu'ils n'auront pas à commander, ne peuvent s'intéresser à eux, les fatiguent, les ennuient, les traitent comme des « écoliers perpétuels » ; les autres administrent leurs masses avec le seul souci de l'intérêt de l'État ou du corps et donnent constamment prise à des soupçons. Les soldats savent fort bien en effet que c'est leur propriété, garantie par le roi, qui est gérée en dehors d'eux et sans contrôle. Le chapitre de la solde sera l'objet des premières et de la plupart des mutineries.

L'adjudant, sorte de gendarme ou de garde-chiourme, fait appliquer brutalement des règles minutieuses, vexatoires, souvent contradictoires en matière de propreté, de tenue, de bon ordre. La caserne est une sorte de prison, qui tient du collège et du monastère, où tout se fait suivant une règle étroite et invariable, sans aucun compte des circonstances de la vie militaire réelle. En tirant sa montre, un ministre peut dire qu'à ce moment toutes les troupes à cheval du royaume font boire leurs chevaux, ou balaient leurs corridors et escaliers. Tout se fait sous la surveillance de l'adjudant, qui applique les ordres généraux donnés par un colonel presque toujours absent, mais qui veut commander à distance et commande effectivement. Moins que tout autre, il connaît les hommes, et pourtant c'est lui seul qui accordera les congés, et le capitaine ne sera même pas consulté. Systématiquement, le rôle de ce dernier a été annihilé, et, quant aux lieutenants, dont l'influence devrait être prépondérante, quel contact ont-ils avec des soldats instruits en dehors d'eux et qu'ils ne commandent presque jamais, tant est rare la manœuvre? Viennent l'émeute ou la guerre, et ces officiers auront derrière eux des hommes qu'ils ne connaissent pas, dont ils ne sont pas connus, entre lesquels ne s'est jamais établi ce lien invisible, mais si puissant, des misères grandes ou petites subies en commun, ne serait-ce qu'un bon orage dont chacun a eu sa part au prorata de son grade. Au lieu de cette solidarité qui s'établit si vite et si fortement entre l'homme et celui qui a fait de lui un cavalier et un soldat, qui a toujours été son guide et son modèle et qui doit être prêt à se montrer au besoin son protecteur, on ne trouvera dans les rangs des troupes à cheval que la méfiance entre gens qui s'ignorent, la mollesse et l'inertie, en attendant l'insurrection ouverte.

Dès 1788, toutes les troupes ont été mises en mouvement, celles du Midi vont relever celles du Nord et inversement. Dans ces routes longues et fastidieuses, les hommes sortis pour la première fois des quartiers logent chez l'habitant; « ils communiquent à leurs hôtes les sujets qu'ils ont de détester leur métier; leurs hôtes leur apprennent combien aussi ils sont las de cultiver leurs champs pour une cour que tous les travaux de l'homme ne peuvent satisfaire ; les régiments dont la destination était pour des villes de parlement y arrivaient prévenus contre le commandant et l'intendant... Partout les signes de mécontentement furent marqués, et nulle part les commandants n'osèrent requérir la force [1]. » A Rennes, des dragons, placés devant l'hôtel du commandant, laissent dessangler leurs chevaux par la foule. Certains chefs déclarent qu'ils ne feront pas tirer sur le peuple ; d'autres, comme Bezenval, à l'occasion de l'insignifiant soulèvement du 27 avril au faubourg Saint-Antoine, provoqueront l'indignation générale par la brutalité de la répression. Dès mai 1789, on a fait venir dans la 21e division, outre la garnison ordinaire de Paris, sept régiments de cavalerie, mais on les subdivise en détachements minuscules dans les plus petites localités, où ils sont en butte à toutes les tentatives d'embauchage. Le roi a plus de 70 000 hommes à portée de Paris et de Versailles, mais il n'a que quelques unités fidèles. Bouillé, qui commande à Metz la 4e division, peut écrire : « Votre Majesté a mis sous mes ordres 120 bataillons, 80 escadrons ; de toutes ces forces, je ne puis faire agir que cinq bataillons de troupes étrangères, tous les soldats français sont disposés à insurger. » On croit ramener l'armée en mettant à sa tête le maréchal de Broglie, très populaire, aimé du soldat et qui le lui rend, ennemi des coups de plat de sabre et adversaire juré du conseil de la guerre. Sous son inspiration, deux ordonnances, du 14 juillet 1789, abolissent la punition corporelle et mettent fin à la réunion des Guibert et des d'Autichamp, qualifiée de « ramas de faiseurs qui fatiguaient l'armée ». Il est trop tard pour changer l'esprit du soldat ; les dragons viennent d'acclamer les gardes-françaises qui délivrent les prisonniers de l'Abbaye et l'on a dû retirer de Paris toutes les troupes campées au champ de Mars, laissant la ville aux mains de ceux qui vont enlever la Bastille. Avant d'être régénérée par le souffle de l'esprit nouveau et de parvenir à la période glorieuse des victoires révolutionnaires, la cavalerie va traverser une crise morale et matérielle des plus graves. Mais, il importe de le remarquer, ce n'est pas uniquement à l'agitation intérieure, au

---

1. AUDOUIN, *Histoire de l'administration de la guerre*, Paris, 1811.

trouble des esprits qu'il faudra imputer les défaillances et les graves insuccès qui marqueront les premières campagnes de guerre. Ces fâcheux débuts devant l'ennemi sont dus principalement aux vices organiques de l'armée royale, et, avant la Révolution, les voix les plus autorisées avaient prédit à quels revers la cavalerie française était vouée le jour où elle se trouverait en présence d'un véritable adversaire.

BIBLIOTHÈQUE NATIONALE BF IMPRIMÉS

TABLE DES MATIÈRES

BIBLIOTHÈQUE NATIONALE RF IMPRIMÉS

Nancy, impr. Berger-Levrault et Cie

BERGER-LEVRAULT ET Cie, ÉDITEURS

PARIS, 5, RUE DES BEAUX-ARTS — 18, RUE DES GLACIS, NANCY

Des Principes de la Guerre. *1re série des Conférences faites à l'École supérieure de guerre,* par F. FOCH, lieutenant-colonel d'artillerie breveté, professeur du cours d'histoire militaire, de stratégie et de tactique générale. 2e édition. 1906. Un volume grand in-8 de 351 pages, avec 25 cartes et croquis dont 11 hors texte, broché. . . . . **10** fr.

Conduite de la Guerre. La Manœuvre pour la Bataille. *2e série des Conférences faites à l'École supérieure de guerre,* par le même. 1904. Un volume grand in-8 de 502 pages, avec 13 cartes et croquis, broché. . . . . **10** fr.

Les Origines de la Cavalerie française. *Organisation régimentaire de Richelieu. La cavalerie weimarienne. Le régiment de Gassion,* par le capitaine H. CHOPPIN. 1905. Un volume grand in-8 de 346 pages, broché . . . . **5** fr.

Les Hussards. Les vieux régiments (1692-1792), par le même. 1899. Un magnifique volume in-4 de 486 pages, avec 12 planches d'uniformes en couleurs hors texte, 16 illustrations en couleurs et nombreuses illustrations en noir dans le texte, broché, couverture en couleurs. . . **50** fr. — Relié en toile gaufrée, plaques spéciales. . . **55** fr.

Trois colonels de hussards au dix-huitième siècle : *Le marquis de Conflans, le comte d'Esterhazy, le duc de Lauzun,* par le même. 1896. Brochure grand in-8. **1** fr.

Essai sur l'histoire des Cuirassiers, par un capitaine de l'arme. Avec 7 compositions de M. TIRET-BOGNET. 1886. Volume grand in-8 . . . . **3** fr. **50**

Précis historique des régiments de Cuirassiers. 1890. Volume grand in-8, avec 14 gravures, de Eug. TITEUX et TIRET-BOGNET, broché. . . . . **3** fr. **50**

Les Grands Cavaliers du premier Empire. Notices biographiques, par le général Ch. THOUMAS. — 1re série : *Lasalle, Kellermann, Montbrun, les trois Colbert, Murat.* 1890. Un volume grand in-8 de 521 pages, avec 4 portraits, broché. . . . . **7** fr. **50**
— 2e série : *Nansouty, Pajol, Milhaud, Curély, Fournier-Sarlovèze, Chamorin, Sainte-Croix, Exelmans, Marulaz, Franceschi-Delonne.* 1892. Un volume grand in-8 de 537 pages, avec 8 portraits, broché . . . . **7** fr. **50**

Historiques des Corps de Troupe de l'Armée française (1569-1900). Publication du ministère de la guerre. Un beau volume grand in-8 de 798 pages, composé de tableaux à livre ouvert à raison d'un tableau par corps, et illustré de 75 gravures dans le texte et de 35 belles planches hors texte en phototypogravure, d'après la collection des aquarelles du ministère de la guerre. Couverture illustrée en couleurs de JOB, br. **10** fr.
En belle reliure maroquiné plein, plaques spéciales, tête dorée . . . . **15** fr.

Les Archives de la guerre, historiques et administratives (1688-1898), par Paul LAURENCIN-CHAPELLE, rédacteur principal aux Archives de la guerre. 1899. Un volume in-8, illustré de 4 planches et 52 vignettes anciennes en fac-similé, broché. **7** fr. **50**

Les Transformations de l'Armée française. *Essai d'histoire et de critique sur l'état militaire de la France,* par le général Ch. THOUMAS. 1887. Deux volumes grand in-8 de 1 279 pages, brochés. . . . . **18** fr.

Histoire générale de l'armée nationale depuis Bouvines jusqu'à nos jours (1214-1892). *Recrutement, organisation, écoles. Armement, uniformes, drapeau. Hiérarchie, grades, avancement. Administration, discipline. Art militaire,* par le capitaine Ch. ROMAGNY, ex-professeur adjoint de tactique et d'histoire à l'École militaire d'infanterie. 1893. Un volume in-12 de 337 pages, broché . . . . **3** fr.

Nos Étendards de cavalerie de 1791 à 1794, par O. HOLLANDER. Publication de la société *La Sabretache.* 1896. Brochure gr. in-8, avec 3 planches en couleurs. **2** fr. **50**

Nos Drapeaux et étendards de 1812 à 1815, par le même. 1902. Un volume grand in-8 de 244 pages, avec 30 gravures, dont 20 hors texte, broché . . . . **10** fr.

Cent ans de l'armée française : 1789-1889. 1re partie : *L'armée en 1789,* par le capitaine J. MOLARD. 1890. In-8, avec carte, broché . . . . **2** fr. **50**

L'Équitation militaire au dix-huitième siècle. *L'enseignement du lieutenant-colonel d'Auvergne,* d'après des documents inédits, par le capitaine H. CHOPPIN. 1901. Un volume grand in-8, broché . . . . **2** fr. **50**

L'Équitation en France. *Ses écoles et ses maîtres depuis le quinzième siècle jusqu'à nos jours,* par G. DUPLESSIS. Préface de M. le général L'HOTTE, ancien écuyer en chef et ancien commandant de l'école de Saumur. 1892. Un volume de 648 pages grand in-8, broché. . . . . **10** fr.

BERGER-LEVRAULT ET Cie, ÉDITEURS
PARIS, 5, RUE DES BEAUX-ARTS — 18, RUE DES GLACIS, NANCY

PUBLICATIONS DE LA SECTION HISTORIQUE DE L'ÉTAT-MAJOR DE L'ARMÉE

CAMPAGNE DE L'EMPEREUR NAPOLÉON
EN ESPAGNE (1808-1809)
Par le Commandant BALAGNY

Tome I. — **Durango. Burgos. Espinosa.** 1902. Un volume in-8 de 500 pages, avec 14 cartes, plans et croquis, broché. . . . . **12** fr.
Tome II. — **Tudela. Somosierra. Madrid.** 1903. Un volume in-8 de 719 pages, avec 9 cartes, plans et croquis, broché . . . . **15** fr.
Tome III. — **Napoléon à Chamartin.** — **La Manœuvre de Guadarrama.** 1903. Un volume in-8 de 707 pages, avec 5 cartes, plans et croquis, broché . **15** fr.
Tome IV. — **La Course de Benavente. Opérations en Galice.** Un vol. in-8. (*Sous presse.*)
Tome V. — **Opérations autour de Madrid. Napoléon à Valladolid.** Vol. in-8. (*Sous presse.*)

CAMPAGNE DE 1809
EN ALLEMAGNE ET EN AUTRICHE
Par le Commandant SASKI

Tome I. — **Organisation et mesures militaires prises par l'Empereur.** — Un volume in-8 de 595 pages, avec une carte et 4 croquis, broché . . . . . **10** fr.
Tome II. — **Thann, Abensberg, Landshut, Eckmühl, Ratisbonne.** Un volume in-8 de 394 pages, avec 7 cartes, broché . . . . **10** fr.
Tome III. — **Neumarkt, Ebersberg, Vienne, Essling.** Un volume in-8 de 412 pages, avec 1 carte et 2 croquis, broché. . . . . **10** fr.

CAMPAGNE DE L'AN 14 (1805)

Le Corps d'armée aux ordres du maréchal Mortier. — *Combat de Dürrenstein*, par le capitaine ALOMBERT, de la section historique de l'État-major de l'armée. 1897. Un volume in-8, avec carte, croquis et gravure, broché. . . . . **6** fr.

La Manœuvre de Lützen (1813), par le colonel LANREZAC, professeur à l'École supérieure de guerre. 1904. Un volume grand in-8, avec 18 croquis, broché . . . . **10** fr.

Lieutenant-Colonel P. FOUCART

Campagne de Prusse (1806). — **I. Iéna**, d'après les Arc[illegible], de la guerre. 1887. Beau volume in-8 de 716 pages, avec 2 cartes et 3 croquis, broché. . . . . **10** fr.
— **II. Prenzlow-Lubeck.** 1890. Beau volume in-8 de 986 pages, avec 3 cartes et 13 tableaux, broché . . . . **12** fr.
Campagne de Pologne. Novembre et décembre 1806-janvier 1807 (Pultusk et Golymin), d'après les Archives de la guerre. 1882. Deux volumes in-12 (1056 pages), avec 3 cartes et 8 tableaux, brochés. . . . . **12** fr.
Bautzen. — **I. Une Bataille de deux jours**, 20-21 mai 1813. 1897. Un volume in-8 de 349 pages, avec 4 croquis, broché . . . . **5** fr.
— **II. La Poursuite jusqu'à l'armistice**, 22 mai-4 juin 1813. 1901. Un volume in-8 de 379 pages, avec 1 croquis grand in-folio, broché . . . . **5** fr.
Une Division de cavalerie légère en 1813. *Opérations sur les communications de l'armée. Combat d'Altenburg, 28 septembre 1813.* 1891. Volume grand in-8, br. **3** fr.

Nancy, impr. Berger-Levrault et Cie

www.ingramcontent.com/pod-product-compliance
Ingram Content Group UK Ltd.
Pitfield, Milton Keynes, MK11 3LW, UK
UKHW021155260726
13994UKWH00001B/480